U0032253

療癒細胞的 大笑運動

每天盡情開懷大笑30分鐘，遠離醫師和醫藥！

張立新◎著

▶ 2006 年 5 月在廣州白雲山聚會，張開雙臂對著天空大笑，活化身體的細胞能量。

▲ 2007 年在蓮花山為公共交通集團的司機與服務員進行大笑減壓。

▲ 2009 年在中國最美麗的八大海灣─深圳西沖的笑聲之旅。

▲ 2012 年在深圳音樂廳三角梅講壇，與健康產業發展促進會會長黃鶴的大笑時刻。

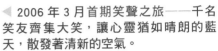

◀ 2006 年 3 月首期笑聲之旅──千名笑友齊集大笑，讓心靈猶如晴朗的藍天，散發著清新的空氣。

▲ 2010 年參與國際自然療法大會期間，和各專家們共同體驗大笑運動的神奇自癒力。

▲ 2011 年在北京香山與各企業家領袖們一起參與笑聲之旅。

▲ 2010 年參與國際自然醫學大會，我們一起用大笑運動讓天空笑出了微笑的彩虹。

2010 年與著名主持人管彤、著名相聲藝術家侯耀華在 cctv 新視聽電視節目分享大笑運動驚人的健康力。

2010 年參與北京電視臺《非常網路》節目與觀眾一起探討大笑運動的特色。

2009 年在北京電臺與著名主持人成蔭錄製夕陽紅節目，專訪笑療的健康力。

2007 年《靖國神社》紀錄片國際著名導演李纓在錄製張立新大笑俱樂部笑友們的笑療訓練。

2006 年湖南衛視對於張立新大笑俱樂部的發展，感到十分神奇，因此特地來做專訪。

2006 年參與《魯豫有約》錄製，節目主持人魯豫直呼這一集是她有史史以來笑最多的時刻。

2011 年參與山東衛視《百科正源》的節目，張笑長將笑的奧妙之處傳遞給家鄉的人們。

◀ 2009 年應邀參加大連第三屆「半島春季健康節」，帶領近千名市民大笑。

▲ 2006 年在廣東茂名與學生們一起進行「射雕英雄」的動作練習。

▲ 2010 年在湖南省張家界與土家族的長壽老人們一起體驗各式大笑的動作教學。

▲ 2008 年聚集笑友們參與深圳海邊的笑聲之旅。

▲ 2007 年在廣州，和參加加冬季訓練營的孩子們一起哈哈哈大笑。

▲ 2006 年我們舉辦笑聲之旅－笑友們爬上萬里長城，療癒身心靈，盡情歡笑。

◀ 2010 年 10 月 12 日在上海癌症康復學校和失眠笑友一起分享大笑改善睡眠的方法！

▲ 2007 年在中國保險深圳峰會大家歡笑一堂。

▲ 2007 年「北京大學生心理健康節」參加北京高校巡迴演講，為大學生們帶來歡樂健康大笑運動。

▲ 2011 年在中國解放軍總醫院 301，與醫師及護理人員們一起進行快樂減壓的大笑運動。

▲ 2006 年在 IBM，為 IT 精英釋放工作壓力。

◀ 2006 年愛笑俱樂部到美國友邦保險公司進行大笑培訓。

◀ 第四季國際自然療法大會上與世界自然醫學聯合會主席馬永華教授合影。

▶ 2007 年與衛生部健康教育首席專家、中央軍委保健委員會專家組－萬承奎教授合影。

◀ 2009 年張笑長與衛生部健康教育首席專家－趙霖教授合影。

▲ 2009 年受邀錄製《張帝兩岸行》節目，與臺灣影星張帝合影。

▲ 2007 年錄製 cctv《春節大聯歡》電視節目，與著名主持人崔永元合影。

◀ 2012 年為失眠患者做大笑運動的康復訓練。

▲ 2011 年通過大笑運動康復訓練，目前已痊癒的憂鬱症患者。

▲ 2010 年為最容易受到情緒影響的肺癌患者，進行大笑康復訓練。

▲ 2008 年為感冒咳嗽的德國律師，指導大笑運動。

▲ 2010 年為慢性的糖尿病患者，進行 7 天訓練的大笑運動。

◀ 2007 年為亞洲第一胖的 230 公斤患者，做大笑減肥。

Contents 目錄

第 1 章 被重新發現的笑

第 2 章 為什麼可以笑出健康

第3章 24式療癒細胞的大笑運動

第4章 大笑運動對身體的健康益處

卡塔利亞・麻丹醫師

笑是不需任何理由，
只要願意隨時都做得到！

　　我非常高興能介紹中國愛笑俱樂部張笑長，把執行多年的大笑運動經驗撰寫成書。張立新先生是中國首位開創愛笑俱樂部的先驅，增進了成千上萬中國人的身心健康。愛笑俱樂部主張一個全新的概念──「笑」，可以不需任何理由，而且每個人都可以做到。不需要笑話、喜劇或幽默感，就可以開懷大笑。只要組成俱樂部，在團體中把「笑」當作一種運動，與其他笑友彼此眼神接觸，自然而然感染到真笑。愛笑運動結合瑜伽呼吸，可以為身體、腦部帶來充足的氧氣，讓人健康又充滿活力。

　　科學研究顯示：人體無法分辨真笑與假笑。基於這項事實，我們把大笑當作一種運動形式，一樣也可以得到健康的益處。2006 年 12 月在印度邦加洛市完成的一項**科學研究證實：大笑運動可以舒緩壓力、降低血壓。**1995 年 3 月我創造了這套運動的概念，發展至今在全世界有 60 個國家已經誕生了 6000 個愛笑俱樂部。

　　大部分的愛笑俱樂部都在公園、社區活動中心或社團舉行活

▲ 卡塔利亞‧麻丹醫師經常到世界各地與笑友們一起分享「笑」的好處。

動，提供大眾免費參加，無分宗教、政黨派別和利益團體。此外，**愛笑瑜伽運動也可運用健身中心、學校、公園、機關、團體、醫院和大學**。

　　和印度一樣，隨著經濟蓬勃發展，中國的人們也承受著巨大的壓力。**愛笑瑜伽運動是一種最經濟、省時的紓壓解悶方式**。我希望這個新概念將因為張笑長的作品而傳遍神州，進而造福成千上萬的中國人。

　　　　　　　　　　　獻給讀者～～最真摯的祝福。

　　　　　　　　　　　　　　　　　　卡塔利亞‧麻丹醫師
　　　　　　　　　　　　　　　　　　　（愛笑俱樂部創始人）

卡塔利亞·麻丹醫師簡介

卡塔利亞·麻丹醫師生於 1955 年 12 月 31 日，受過西醫訓練，是一位合格的醫師，已在印度孟買執業 15 年，同時兼任孟買 Jaslok Hospital and Pesearch Center 的內科與心臟科醫師。

卡塔利亞·麻丹醫師從 1995 年開始推廣愛笑俱樂部，是世界愛笑運動的先驅者。麻丹醫師與他所倡導的大笑運動曾接受各大媒體，如《時代》、《國家地理雜誌》、《華爾街周刊》、《洛杉磯時報》等的報導，其著作有《Laugh For No Reason》（中文書名暫譯《笑，何需理由》）和一本家庭健康指南《Self-Medication, How Useful, How Harmful ？》

▲ **卡塔利亞·麻丹醫師與其夫人**（卡塔利亞·馬杜麗是專業瑜伽老師），由她發現「笑」也可以是一種治癒的方法後，就將「笑」結合瑜伽式的呼吸，從而讓身體和腦部獲得更多的氧氣，把「笑」稱為一種瑜伽動作，使人感覺充滿活力和健康。

推薦序 2　　　　　　　　　　　　　　　　　　吳永志

開懷大笑，
也是治病的良藥！

有一次在中國南京參加「世界自然醫學大會」時，張立新老師走到我面前說：「吳醫生您還記得嗎？上次您在深圳演講後，曾經為一位從雲南飛來向您求助的乳癌病友提供個別食療的建議，現在她已經改善了！」

聽到張老師的話，我感到驚訝，因為這位女士罹患的是惡性第三期的乳癌！按照我所提供的個別食療建議，至少需要六至九個月的時間調理才可能有良好成效！但離她第一次來找我的時間還不到四個月，怎好得如此神速？ 看到我露出驚訝的樣子，張立新老師連忙說：「因為這位女士除了努力實踐您建議的飲食方案、運動及固定補充必需營養品以外，她還天天用我教她的方法大笑……！」

的確大笑會加速血液循環系統，將氧氣及營養送到身體每個細胞，提升淋巴網狀系統的自我排毒及自癒系統的自我修補；大笑還會激發腦細胞大量分泌腦內啡，有助減輕細胞發炎及關節疼痛的問題，還能夠激發大腦的安神傳遞媒介GABA、增加血清及多巴胺的數量，從而改善憂鬱症，甚至減緩巴金森氏症的症狀。

所以每次在我演講前，我太太總會要我或者由她先帶動聽眾一起大笑數分鐘，讓大家舒緩緊張的情緒，如此更能幫助我們的大腦吸收新知識。

▲ 2010 年在第四屆國際自然療法大會，作者與吳永志博士和吳馮鈺潤夫人一起合影。

現代人常這裡病那裡痛，有了病痛就只想用止痛藥物快速地解決，殊不知藥物只能一時控制病情！美國有位知名治療師諾曼・渥克（Norman Walker）博士，他在成為治療師之前便深受病痛所苦，天天都得依賴藥物止痛，甚至不得不長期住院。

有一天，渥克博士的好友來醫院探訪他並帶來幾片有趣的 CD 給他解悶，結果他一面聽一面大笑，聽完這幾片 CD 後，他突然感覺全身的疼痛都消失不見，以前要費好大的力氣才能下床，現在卻一下子就能跳下床！

於是當天中午他就辦理出院手續，嚇壞了照顧他的醫生及護士，他還對他們說：「我已經找到消除疼痛的秘方，以後不用再麻煩你們來照顧我了！」醫護人員紛紛好奇地向他請教止痛秘方，他說：這秘方就是「開懷大笑」！從此，渥克博士無病痛地活到超過 104 歲！

　　自然療法最注重的是身、心、靈整體的健康，而大笑屬於自然療法的心理療法之一，也是最便宜的減壓良藥！ 大多數的慢性病皆因身心靈不平衡而來，只要我們天天保持良好的飲食與生活習慣、常常開懷大笑，並且心懷感恩，就能常保健康！正如《聖經‧箴言篇》第 17 章 22 節所說：「喜樂乃是良藥」，大笑會帶來心理上的幸福感（euphoria），從而讓人獲得真正的喜樂，並將這喜樂傳達到每一個細胞，包括免疫系統細胞及自癒系統細胞，讓發炎、受傷、癌變的細胞都得到修補。因此建議每天要大笑 300 次，就可以喚醒神所賜與我們的兩位大醫生。 讓身心靈維持平衡的狀態，自然可以變得愈來愈健康。

　　張立新老師出版這本大笑書，希望大家也跟著一起笑出健康，排除緊張的情緒及怨氣、怒氣。因此只要大家跟著學習書中的 24 式笑招，再加上正確的飲食及運動，相信將會帶來和諧的家庭與社會。

吳永志
美國自然醫學及營養學博士
《不一樣的自然養生法》暢銷書作者

陳達誠

笑出平凡中的不平凡

感謝中國大陸愛笑運動創始人張立新笑長的邀請，讓我有機會為中國第一本「弘揚笑道」的書寫序，在這裡我順便回顧我們相遇、相知、相惜的奇妙過程。

我是在 2004 年底開始引進愛笑瑜伽運動到台灣，但是參與者一直是抱持著好奇心的人居多，真正誠心誠意要練習的人卻寥寥無幾。在這期間，讓我不由得懷疑自己是否在哪個環節做錯了，雖然完全按照這套運動的創始人－卡塔利亞醫生的大作《笑，何需理由》（Laugh For No Reason）裡的步驟來做，但是仍會感到有點欲振乏力，於是在 2005 年 5 月收拾行囊前往瑞士，親自向卡塔利亞醫生學習。

▲ 2005 年 5 月 25 日我親自飛往瑞士向卡塔利亞醫師學習大笑運動，我講的英文他們聽不懂，他們講的我也有聽沒有懂，好家在「笑是國際語言」！

21

　　從瑞士回台後，自覺受益匪淺，雖然使出渾身解數，但是愛笑俱樂部開張卻仍然「門可羅雀」，最後只好向一直陪著我辛苦經營的少數笑友表達感謝支持之意後，想結束這剛剛度過一週年紀念的台灣第一個愛笑俱樂部，然而就在此時，因緣際會得到一位婦產科醫師——黃貴帥醫生的鼓勵，到台北重新發展愛笑運動。

　　與此同時，我突然收到一位來自深圳笑友的電郵，說他在深圳已經設立了一個愛笑俱樂部，每次活動都有 70～80 的人參加。我半信半疑，置之不理。想不到後來他又寄照片給我，原來真的有那麼多人參加，我既驚奇、又歡喜，因為這位張立新先生稱我是他的「老師」。素未謀面的我如何擔當得起「老師」的稱呼呢？

　　我和張立新先生於是就這樣開始互通郵件，後來我了解到原來張笑長歷經事業挫折、心情鬱悶，一直無法得到排解，在一個偶然的機會裡，他透過網路與電視媒體發現愛笑運動後，便對每一個動作、每一條訊息苦心研究，親自練習而發覺身體逐漸得到改善，於是他決定要將這個神奇的運動推廣出去，讓更多的人可以學習。印刷好幾千份的傳單之後，一大清早走到公園親自發宣傳單，勇敢在戶外帶領笑友練習大笑運動。

▲ 2009 年在香港與中國笑療專家張立新先生首度見面。

　　我們的交往繼續加深

後，發現其實我從立新兄身上學得更多。他胸懷若谷的謙虛、認真踏實的態度，以及果斷俐落的意志力，令我深感佩服，再加上他走出生命低谷的深刻體驗，讓他擁有驚人的愛笑能量，從而創下驕人的成

▲ 2008 年卡塔利亞‧麻丹醫師應邀來台，他用無條件的歡笑指導笑友們釋放出寬容、仁慈的心境，用協助與扶持之心性面對人生。

績——至今已帶領超過 8 萬人進行大笑練習。受到他的鼓勵與啟發，以及很多熱心人士的幫助，台灣的愛笑運動也發展得很順利，至今 2013 已經有 27 個愛笑俱樂部了。

立新兄屢次謙虛地問我：「這樣做，對嗎？」

我都回答說：「你讓那麼多人認識笑的益處，當然沒錯啊！」

更難得的是，你的家人也願意與你一起發展大笑運動，可見你已經把「笑中有愛，愛中含笑」的愛笑精神，具體地帶到日常家庭生活中，這怎麼會錯呢？

我也經常鼓勵台灣的笑友，**愛笑運動的重點：不在於「動作」，而在「心態」。**不要怕做錯，不要怕做得不標準，立新兄的故事，讓我們學到「Just do it! 去做就對了，別想太多」的笑的精髓。其實，很多人講道理時，都可以說得頭頭是道，但像立新兄這樣勇於行動的人還是不多。愛笑運動的做法其實很簡單，難

點是在於你是否願意持續地練習。當你進入到笑的領域，也會慢慢地從中發覺到笑對身心靈的奧妙之處：

2013 年入秋後某一天清晨，我照例騎單車出門前往參加愛笑俱樂部，路上微風迎面吹來，突然皮膚感受到秋天的涼爽。一種舒服的感受竟引發我內在一種淡淡的喜悅。感動之下，當天我就在愛笑團練中帶領笑友們作「皮膚感受到涼爽的笑」。笑友們或許覺得奇怪，我怎麼突然想出這種笑法？幸好平常我們就是如此訓練笑友針對平凡無奇的小事而笑出來，大家也就見怪不怪跟著我的動作指令而笑出來。

團練結束後，我才向大家說明：身體上最重最大的器官，不是肺臟，不是大腦，而是皮膚。它含表皮，真皮及皮下脂肪，總重量達體重的 16%，以我一個 68 公斤的人來說，我有將近 11 公斤的皮膚！這個看似平凡普通的器官在我身上已經存在 55 年了，竟然到現在我才感受他的存在，更別說它神奇的控溫排汗、感受傳導和保護功能了。或許是我敝掃自珍又老王賣瓜吧！但我還是要承認：如果不是長期參與愛笑俱樂部的訓練：針對平凡無奇的小事而笑，我可能需要自己親身或親友經歷燒燙傷的痛苦，才能體悟它的重要吧。

回想我和張立新的相遇，這個看起來普通甚至是奇怪又沒什麼好笑的運動竟然透過無線電波的傳送，在海峽對岸的深圳市解救了一位徘徊自殺邊緣的憂鬱症患者。更神奇的是，這位曾經懷疑自己的生命意義的張立新先生靠著自己強烈的生存意志，努力

用功的學習和持久的練習，7年後的今天竟然蛻變成中國首屈一指的笑療專家。擁有療癒自己的確實經驗，加上這幾年來在中國各地幫助了無數身心患者的豐富經驗，濃縮成這部養生保養的佳作，絕對值得我們參考學習。

▲ 透過台灣電視台節目的傳播，中國首位笑友「張立新」獲得啟發而在深圳創設中國第一個愛笑俱樂部，因此更多的笑友們在歡笑喜悅中快樂成長。

但是如果你只是好奇地把書拿來翻一翻，看一看，那是不可能體會《無理由而笑》的神奇奧妙。就像只有閱讀《游泳指南》卻不敢跳入游泳池，是不可能學會游泳。或許，有人會說：「笑，出生的嬰兒都會。」，這麼簡單的事，那裡需要練習呢？但是，我要反問，睡覺或許比大笑更簡單，為什麼有那麼多人需要吃安眠藥才睡得著？忙碌緊張的工商社會，吃不下、睡不著，或笑不出來的人，實在太多了！

對於身體的「健康狀態」我們經常習以為常而變成「無感狀態」。只有到了「生病狀態」才突然期望身體回復「健康狀態」。問題是對健康狀態的「無感」就像是弓箭手要射箭，卻不知道終極目標在何處一樣。在愛笑俱樂部，我們學習笑出平凡中的不平凡，就是要利用「笑」來為「健康狀態」染上快樂的顏色。如此，身體上的萬兆細胞有了明確的目標，才能真正的和諧運作。

　　所以，有興趣閱讀此書的人，是有福氣的，別管自己夠不夠格、有沒有專業的背景，只要願意體驗、有信心，就有資格來做大笑練習。如果您願意走進全國各地的愛笑俱樂部實際參與，假以時日，你將和我一樣體會：平凡事物中有不平凡。如此一來，真正的幸福與健康一定離我們很近了，且讓海峽兩岸的笑友們，一起來體會笑的能量與好處，一起體會「笑中有愛，愛中有笑」的大笑精髓：「吼～吼～哈～哈～哈！」

陳達誠

（台灣愛笑瑜伽協會理事長）

▲ 我平凡的生命中能同時擁有四位女性的支持、鼓勵和疼惜，我能不笑嗎？
（左起：我太太，岳母，媽媽和嬸嬸─ 2013.10.19 拍攝於陽明山愛笑之家）

黃貴帥

喜樂之心是良樂，笑就是最好的醫藥

在 2009 年時透過《台灣愛笑瑜伽協會》陳泰淵資深笑長及許明炎資深笑長轉送了中國大笑運動總教練張立新先生所撰寫的《大笑決定健康》一書，仔細深入閱讀之後，發覺書籍內容完全融合了印度愛笑瑜伽的精華，不論是在動作上或是學理上都有詳細的解說，而且圖文並茂清楚說明，更重要的是融入中國本土化的語言，讓我們更容易學會風靡全世界的愛笑瑜伽運動，且每個大笑運動名稱皆以中國成語做為主題設計，讓我們更感到貼切且易學易記，其中在書裡也有描述張立新先生成功用大笑治癒了自己的憂鬱症與五十肩的問題。

張立新先生以親身的經歷發現大笑運動可以成功改善人體的健康，因此他展現一己之力，影響到更多的人來認識笑的好處。他突破異樣的眼光，勇於行動地在中國大陸及香港成立了愛笑俱樂部與笑療中心，**並以驚人的意志力在中國各地區推廣大笑運動，獲得極大的迴響與認同，甚至引起中國大陸各地區電視廣播媒體的注目，成功地幫助數千萬人用「笑」找回他們的健康。**

在 2013 年 9 月張立新先生受他愛笑啟蒙老師《台灣愛笑瑜伽協會》陳達誠理事長邀請來台演講交流，參加《台灣愛笑瑜伽

協會》的年會與愛笑工作坊活動，我們感到十分榮幸能與他近身交流學習分享愛笑運動，我深深被他的熱情、誠懇、生命力與求知力感染。他在台灣參與愛笑運動舉辦的各場活動，不時拿著相機與錄影機將各種愛笑的動作及各位笑長的演講鉅細靡遺拍攝收錄。與他進一步深入認識後，發現他有著非常謙虛與向學的精神及實踐力，**雖然他不是醫療相關學系，但他的用心與深入研究，與實踐笑與健康的精神遠超越過我們**，竟然能把我們已經研習與推廣多年的笑功，發展成笑療。

他對全世界笑療的發展及研究，還有身心靈各方面健康養生的促進方法，都十分用心深入研究與實踐，並將笑療運動結合養生蔬果汁來改善人體的健康，對生病的人他建議要多飲用健康蔬果汁與每日笑療四小時、健走六公里來改善健康。他以這樣的健康實踐方式成功的在中國大陸協助許多癌症病友與憂鬱症等病患改善疾病，至今已有非常多的見證與實例，**他的經驗更讓我深信「喜樂之心是良樂，笑就是最好的醫藥」**，希望這本書在台灣上市，可以讓更多人來學習我們的愛笑運動，並能直接到愛笑俱樂部參加愛笑運動來改善自己的健康，也把這個愛笑運動推廣到全世界去，達到人人快樂、健康、幸福的境界。

黃貴帥
（三軍總醫院婦產部主任醫師）

人類需要心理營養
——歡笑‧快樂‧健康

人類的疲勞指數可以區分成三種類型。❶**腦力勞動者**常發生腦力疲勞，這種疲勞是因為長期複雜的腦力勞動，大量消耗能量，導致大腦血液及氧氣供應不足，削弱了腦細胞的正常功能，以致出現頭昏腦脹、記憶力下降、注意力渙散、失眠多夢等症狀。

不同於腦力勞動，❷**體力疲勞**或因繁重的勞動或過度運動而造成全身肌肉高度緊張，產生大量代謝廢棄物（**如乳酸、疲勞毒素等**），這些廢棄物不僅會在人體內堆積，甚至還會隨著血液循環運送到全身（**包括大腦**），表現出手腳痠軟無力、體力不好等徵狀。

除了前兩項疲勞類型外，更多的是❸**心理疲勞**。現代人在生活或工作上較容易感受到高強度的沉重壓力，所以出現心理疲勞的比率非常高，超過負荷的精神負擔令人們感到心情紊亂、情緒沮喪、抑鬱、焦慮。雖然時代進步，體力勞動有減輕，但越來越激烈的社會競爭卻不斷加重精神上的負荷，感覺心理疲勞的人越來越多，這種疲勞比體力或腦力疲勞更嚴重、危害更大，也更難以消除。

趙霖

腹部的神經網絡非常複雜，約有一千億個神經細胞，多於骨髓細胞，與大腦的神經細胞數量相當，被稱為「腹腦」。為什麼人一生氣，就覺得噁心、食不下嚥，這就是「腹腦」的保護性反應。經常笑

▲ 2009 年張笑長與衛生部健康教育首席專家－趙霖教授合影。

一笑，可以帶給腹腦良性的刺激，幫助消化。

科學研究發現，人體內的神經傳遞物質約有95％來自「腹腦」，已發現光是能夠調節胃腸功能的激素就有五十餘種。《素問・舉痛論》中說：「怒則氣上，喜則氣緩，悲則氣消，恐則氣下，驚則氣亂，思則氣結。」人體在氣血紊亂、精氣鬱結的情況下，怎麼可能維持健康。

健康的生活方式是各方面的配合，而非單一行為所致，唯有注意膳食營養均衡、生活規律、固定運動，才能保持健康。三不五時經常笑一笑，保持快樂的心情，讓身體與環境和諧相處，才能保持健康不衰。

在中國廣西巴馬是全球著名的長壽之鄉、人瑞雲集之地。巴馬的長壽研究所對巴馬的 72 名百歲老壽星進行實地調查發現：只有 2 名百歲老人需要照顧、有 21 人尚能夠從事田間勞動、30

人能夠從事家務勞務，大多數的老人都可以生活自理。

巴馬的長壽地區婚姻主張戀愛自由、夫妻和睦、婚變少，穩定的社會因素與良好的習俗為人增壽。快樂的人生、和睦的家庭、和諧的生活、充實的勞動、適當的運動，造就了長壽之鄉！

人類維持健康需要三種營養元素：一、是飲食營養、二是行為營養、三是心理營養。「心寬出少年」、「強精必先強心」等古話，即在強調心理營養的價值不亞於飲食營養。

「樂觀」是最有效的保健良方，所謂：「笑一笑，十年少」！人有了好心情、心理狀態就會平衡，輕鬆豁達的心境能促使生理狀態穩定；心情好，大腦中腦內啡釋放多，身體微循環改善，免疫力就能夠提高，也就不容易生病。

經常笑一笑，可以放鬆精神、活躍氣氛、創造和諧。總之，**「藥療不如食療，食療不如心療」、「保持樂觀心態，快樂無處不在」**！希望本書讀者都能夠領悟笑的真諦，享受健康的人生！

趙霖
（中國衛生部健康教育首席專家）

推薦序 6　　　　　　　　　　　　　　　　萬承奎

每天最少笑 30 分鐘，
健康、快樂齊報到

我在 2008 年春節參加央視《人物新周刊》節目時，主持人阿丘、張泉玲向我提問：「每天如何過得更健康」時，我曾明確回答：「良好的生活方式是獲得健康的關鍵。」，我認為健康人生必備的 8 步曲是：

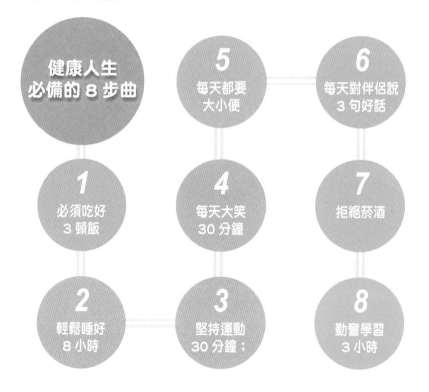

健康人生
必備的 8 步曲

5 每天都要大小便

6 每天對伴侶說 3 句好話

1 必須吃好 3 頓飯

4 每天大笑 30 分鐘

7 拒絕菸酒

2 輕鬆睡好 8 小時

3 堅持運動 30 分鐘；

8 勤奮學習 3 小時

其中特別強調每天大笑 30 分鐘。笑對健康的作用已被越來越多人認識，笑的運動風靡全球。大笑運動起源國印度已有五百多家笑療診所、法國有笑俱樂部、德國每年都舉辦大笑比賽、美國的醫院及療養院都有笑療、笑劑，就連俄羅斯都舉辦了一場前所未見的百萬人微笑莫斯科活動。

非常可喜的是張立新先生懷著滿腔熱情，不畏艱難與家人在深圳創立全國第一家「愛笑俱樂部」，並首創各式的笑療動作，積極在中國各地推廣，得到了廣大的迴響及認同，參與學員們一致認為大笑運動對自己的健康有非常好的成效。笑之所以對健康有益，我在專著《健康自我管理》中談到，笑有 10 大生理功能：

功能 1

大笑 1 分鐘，全身可放鬆 47 分鐘。

功能 2

笑是最好的體操，微微一笑牽動臉部 13 塊肌肉；哈哈大笑，臉部、胸部、腹部的肌肉都會參與運動。

功能 3

笑讓我們吸入更多氧氣，排出更多廢氣，保持呼吸通暢，促進新陳代謝。

功能 4

笑能加速血液循環、增強心血管功能，使局部及全身供血充足。

功能 5

笑對人的心理活動有明顯的影響，能調節大腦神經功能、解除緊張情緒、消除疲勞，以及排除憂慮、煩惱與不快。

功能 6

笑能促進食慾、增進睡眠。

功能 7

笑能讓人心情開朗、精神振奮、頭腦清醒，有利於身心健康。

功能 8

笑不僅是積極情緒的興奮劑，也是治療某些疾病的良藥。

功能 9

笑能刺激大腦產生激素——腦內啡的釋放（腦內啡是存在於腦部及神經組織裡的生化物質），具有鎮痛及愉悅作用，是天然的鎮靜劑及麻醉劑。

功能 10

笑，已成為醫治多種疾病的特殊方法，威名不脛而走，風行全球。

古人說：「最能笑者最健康，最樂觀者最長壽。」心理學家認為：「人的煩惱95％是自己找的，還有5％是不可避免的。」因此，生活中遇到任何困難、挫折或不幸時，應該站得高、看得遠、拿得起、放得下，泰然處之。一定要當情緒的主人，一定要

學會駕馭情緒、學會笑對人生。

但是笑也不能過「度」，並且要因人而異，否則就會影響健康。美國的威福萊博士經過科學調查及研究發現：「**會心的微笑，是良好心境的最佳表露。**」發自內心的笑，會讓腦部釋放出一種激素，令人感到心曠神怡，是最好的自然藥物。

▲ 張笑長與衛生部健康教育首席專家中央軍委保健委員會專家組－萬承奎教授合影。

每個人體內都有個天然的、優秀的製藥廠，任何藥物都無法比擬，是健康的守護神。威福萊博士認為：陰笑、奸笑、譏笑都有害健康，而毫無節制的大笑對冠心病、疝氣、血小板減少症的患者來說，則意味著災難。德國心理學家調查後又發現，出於業務需要不得不長時間強顏歡笑的人可能會患病，如空中小姐、銷售員等，壓抑自己的真實情緒，時間長了可能會出現沮喪、抑鬱等症狀，會對健康造成負面影響。

這本書匯集了張笑長多年心血，對如何笑出健康，進行了認真地探索，值得一讀。希望大家讀完這本書後，每天都能笑一笑，讓健康、快樂都回到你的身邊。

萬承奎
（中國中央軍委保健委員會專家組專家）

黃明達

推薦序 7

大笑是最簡易、最綠色的自然養生療法

　　笑是人類最原始、最自然的本能，也是生命中最燦爛、最美麗的表情。應該說世界上不會笑的人不多，而不喜歡笑的人則更少。但只有**真正懂得笑和能主動去笑面對生活的人，才是最快樂、最幸福的人**。人類自古以來就有著悠久的笑文化，而東西方的笑文化也有著各自的特點。普遍來說西方人的性格更加開放些，笑更加溢於言表，而我們東方人的性格比較內向，笑也就比較含蓄，因此東西方人的笑可謂是各有其風采。

　　笑是生命健康的最基本、最珍貴的要素，是呵護心靈的精神營養素，也是人類最安全、最好的藥。俗話說：「**良藥苦口利於病，但笑療卻是最喜樂的良藥。**」

　　今天伴隨著現代醫學科學的發展，人們對疾病的瞭解有了更多的認識，治療疾病的藥物和設備等現代科學手段也有了極大的發展，但是人們面臨的疾病種類在近半個世紀以來，不但沒有明顯減少反而還在不斷增加。不僅是新型的傳染性疾病此起彼伏，而且不斷增加的慢性非傳染性疾病，正在嚴重地威脅著人類的生命健康，尤其需要我們加以警覺的是當今醫源性和藥源性疾病，

已成為威脅人類健康最大的現代醫學問題。

▲ 張笑長與中國中醫科學院養生保健研究中心執行主任－黃明達教授合影。

醫學的任務本來是為人類健康服務的，但現代醫學在治療疾病的同時也在一些領域製造疾病，主要表現為病人越治越多，病情越治越重，從而導致了當今世界全球性的醫療危機。醫學不健康，這完全不是我們醫學的目的，更不是我們廣大醫學工作者的本願，從根本上講是我們今天的醫學模式出了問題。

世界衛生組織在上個世紀末就已明確提出了 21 世紀的醫學不應該繼續以疾病為主要研究物件，而應該以人與健康為主要研究方向，也就是說應該從以往的生物疾病醫學模式向生態健康醫學模式轉變，衛生工作重點也應該以疾病為中心向以人與健康為中心轉變。

我們人類要想在 21 世紀活得更健康、更快樂、更長壽，就必須在生態健康醫學模式下，回歸自然、回歸生命、回歸人本，就需要更加關注和努力提高人的自主健康能力、自然抗病能力和自我痊癒能力，需要向大自然學習、向我們的身體學習、向生命學習，尋求綠色健康的自然養生療法。

如果說現代醫學主要針對於身體疾病問題的話，而對於現代

人更多面臨的是精神心理壓力問題。俗話說：「萬病皆由心起，萬病皆為心造」。精神心理疾病是當今影響人們健康最新的「現代文明病」。不知何時在人們的日常生活和工作中越來越缺少笑，在充滿生存競爭和複雜的社會關係下，人們似乎已變得越來越不會笑了。

中國古語「大道至簡」，**笑療其實是最簡易最綠色的自然養生療法**。我們要努力發現笑，學會主動笑，讓笑成為我們的一種習慣，成為一種健康生活方式。

出於長期從事健康醫學和自然療法研究工作的原因，我對張立新笑長的笑療因此給予了非常大的關注。我認識張笑長已有多年，一直在跟蹤他的笑療實踐。張立新笑長從解決他的自身健康問題開始從事笑療的社會實踐，幾年下來堅持不懈，不僅解決了自己的健康問題，也讓更多人開始關注笑療、參與笑療並從中廣為受益。

在張笑長的笑療實踐中，我認為最為突出的成果就是他通過笑療改善失眠、憂鬱症和輔助治療腫瘤等疑難雜症，尤其是對於一些被現代醫學認為是臨床不治的晚期癌症患者而言，笑療可謂是一副「救命的良藥」。當然張立新笑長的笑療實踐成果不僅限於此，而其最大的意義就在於對人體心身健康的整體組織調節性作用。

現代研究表明，**笑療可讓人的神經——內分泌——免疫——**

造血——循環——運動——機體代謝系統的生理機能得以全面調動。從中醫學角度看笑療也是一種氣功鍛鍊，通過主動的調息和調身可有意識地改變行為，以振奮氣血，達到心身和諧之目的。

從生命科學角度來看人體的生命力主要體現於生命的能量，也就是中醫所指的「氣」；而能量的產生與調控在於人的意念，也就是中醫所說的「神」。中醫在治病養生上講求「上工守神、中工守氣，下工守形」。笑療可謂是在「神、氣、形」三個方面都得以全面兼顧，既可改變人們的健康狀況，又可改變我們的性格心態，因此是一種非常好的自然養生療法，很值得大力推廣。

值此張立新笑長新書出版之際，特作序以此祝賀，寄望於笑療能為更多的人們帶來快樂、健康和長壽，並致以誠摯的祝福！

黃明達教授
（中國中醫科學院養生保健研究中心執行主任）

實踐分享

林妙禎

找到健康的能量

2012 年的春天，我懷著好奇的心情邀請八位親友來到中國深圳，接受「張笑長」為期兩天的「笑療」課程。

起初我以為這類課程不外乎引人發笑、放鬆而已，殊不知張笑長所準備的教材極為詳盡及實用。聽完課程後，正式進行操練，在張笑長的帶領及引導下，一開始大家都很努力模仿並極力擠出笑容，但我驚訝地發現幾乎沒有人能一下子就開懷大笑，剛開始大家的嘴角都只是機械性地往上揚，然後是喉嚨配合發出哈哈聲，在 一次次的練習後才真正放鬆大笑。

原來在我們庸庸碌碌的歲月裡，笑容已悄悄地消失了，原本發自內心的喜悅或滿足感已所餘無幾，難怪現在許多人患上癌症、憂鬱症、精神病或心理病！而我帶去的八位朋友中，有位是電力公司的工程師，由於工作不容許出錯，他的精神長期處於緊張狀態，性格寡言木訥，臉部毫無表情，在即將退休之際發現罹患癌症。在課程結束翌日，他竟笑咪咪向大家主動分享心得：「很久沒有睡得那麼香甜了！」他的太太感覺太神奇了！至於我自己，則感覺在兩天之中，可以不顧別人的目光，拋開一切塵世事，張大嘴巴傻笑，原來是挺自由暢快的，儼如缺氧了很久的魚，浮

上水面呼吸新鮮空氣一樣痛快！

隨後在 2013 年 5 月，由於某些因素，我出現了憂鬱症的症狀，經常無緣無故的哭泣，正巧我跟隨朋友去深圳梧桐山時再次遇到張笑長，當時有位 70 歲的憂鬱症婆婆也剛好從山東跑來找參加笑療課程，她屬於重度憂鬱症，隨時隨地而哭，加上患有高血壓及糖尿病，暮氣沉沉，精神呆滯，我見猶憐！我想再次見證笑療的功效，同

▲ 人生難免會出現逆境的時刻，可是當你願意啟動笑能量，就可以脫離負面的情緒，放寬心胸迎向彩虹的人生。

時也藉此舒緩心情，於是有五天的時間都跟隨著張笑長與這位婆婆及她的先生在山上笑完又笑。在頭兩天，沒有明顯的改變，到了第三天，這位婆婆顯得有些朝氣了，到第四天，開心很多了，還說血壓給降下去了！原來此行她忘記帶降壓藥及降糖藥，因此一直憂心忡忡，天天跑去藥房檢查血壓值。沒想到張笑長傳授的笑招讓她感覺健康有所改善，也有更大的信心，於是更加積極配合，幾天後就和老伴快樂回老家了。

之後我回香港，每天都維持笑療的基本動作——「不論自己開心與否，盡量擠出笑容」，我經常對著鏡子笑、洗澡時笑、散步時笑、爬山時笑，媽媽見我經常無故哈哈大笑，和之前憂傷的情況截然不同，她很欣慰也被我感染「相視而笑」了！

笑療，我個人認為只要不過份瘋狂地笑，是百利而無一害

的，也具有一定的治療效果。現今所謂的文明病、生活習慣病、過勞死、慢性病、癌症、精神或心理病等等，其實主要都是由生活壓力及負面情緒所引起的。輕鬆愉快的心情能使人的身心處於平衡及和諧的狀態，自癒能力是最高的。因此不論是開懷大笑、嫣然一笑、調皮鬼馬一笑，對身體都有益處。

我所認識的張笑長總是笑咪咪的，大人及小孩都會喜歡他。他說有一次銀行戶口被黑客盜去了巨款，他先是呆了一呆，馬上就哈哈大笑起來，這就是平日練習笑的結果了，果真是笑療大師！人生不如意事十常八九，憂心忡忡也無補於事，何妨一笑置之，況且一笑能解千愁呢！

欣見萬人迷張笑長出書，肯定掀起一波又一波的旋風，就讓大家一起開心大笑吧！真笑也好，假笑也好，最重要就是要愛自己，給自己全身的細胞一個笑的訊息，令自己的身心愈來愈健康！

林妙禎
（香港自然療法師 & 笑療見證學員）

張立新

笑療創造不一樣的幸福人生

我們經常會在問候時，祝福對方「健康快樂」，雖然科技發展減少了體力上的勞動，為人們帶來極其便利的生活方式，但日益激烈的社會競爭，卻讓人們的精神負荷越來越重，再加上不健康的生活方式，以致身心不僅無法放鬆，反而越來越多的白領青年處於亞健康(即身體處於健康與生病間的一種狀態，既非十分健康，又不是真正生了什麼疾病)狀態。美國衛生和公眾服務部（United States Department of Health and Human Services;HHS）的研究報告指出，在美國，有90%的患者是因為不良的情緒而導致身體上的疾病。如今，身心平衡已經成為評價健康的標準之一。

如何才能獲得一份健康的生活，西方醫學尊為醫祖的希波克拉底（Hippocrates）指出：患者的本能就是最好的醫生，患者的本能就是病人的醫生。什麼是本能？免疫能力、療癒能力、自我康復能力。人體應該如何喚醒本能呢？

中國笑療研究中心遵循人類三大營養（飲食營養、行為營養、心理營養），宣導三「笑」文化（❶一笑：笑口常開、❷二孝：百善孝為先、❸三酵：植物生化酵素），獨創567三步曲（大

笑 5 小時、笑健走 6 公里、笑飲 7 杯蔬果汁）。

康復養生有五個境界——藥養、食養、術養、心養、神養。

大笑是心理營養和行為營養。笑聲，作為一種治療的力量，就像空氣一樣存在於我們的生活中，卻常常被人們所忽視。大家可能會覺得好笑，笑也能夠治病？本書就是來與大家分享這樣的生活信念——透過大笑這樣簡單易行的方式，藉由表情與肢體喚醒身體的本能、改善情緒，進而獲得能量，享受健康快樂。

大笑何以具有這般強大的能量？可從三個角度來解讀笑聲治病的基本原理：

❶ **從命理學的角度分析**：東方人講究陰陽五行，尊重宇宙自然的運行規律，按照宇宙的震動頻率——每秒 8 ～ 13 次。開懷大笑時，大腦由左腦轉換右腦，腦波產生每秒 8 ～ 13 次的頻率，笑聲沿著人體的經絡傳遞，調整處於低頻狀態的生病臟器，這樣一來，就能夠將宇宙的震動頻率與人體的震動頻率協調一致。

❷ **從物理學的角度分析**：人們的笑會產生 1200 ～ 2000HZ 的高頻波，笑的聲波在人體內會產生共震。「當聲波到達我們的耳朵時，會使耳膜震動，並經過一個特殊的生物聲過程，先轉變為化學形式，然後當它經過大腦時就轉變成電脈衝」（《聲音治療的力量》，艾倫·佛蘭克林博士等著），接著傳遍全身，啟動各種組織細胞，調動積極情緒，提高人體免疫力和疾病自癒力，改善人體生理功能。

❸ **從神經系統的角度分析**：透過耳朵接收的笑聲波直接作用於我們的大腦，它能刺激人的神經系統，並影響與神經系統相關的其他身體系統，如消化系統、內分泌系統等。我們一聽到悅耳的聲音，神經系統就會興奮，接著情緒就會發生變化，透過耳朵接收的笑聲直接影響了我們的情緒。透過經絡和穴位傳輸的聲音則不同，它可以直接作用於我們身體的任何一個部位、任何一個器官，它可以刺激血液循環系統、免疫系統、呼吸系統等身體的所有系統，透過穴位和經絡傳輸的笑聲決定著一個人的健康。

介紹了這麼多笑的科學原理，是不是對大笑的能量覺得有點吃驚？以下就舉一個可以強化心肺功能的大笑運動示範——射雕英雄笑（**詳見本書第 125 頁**），讓大家明白簡單的動作究竟可以帶來多大的效果。

首先，左手向左側平伸，右手則像抓住一把弓似地分三段將弓箭拉開，同時口中要發出「咦、咦、咦、啊！哈哈哈哈！」的聲音。這個動作可以幫助我們打開心肺，心肺就像手風琴一樣，只要將它張開，就會有更多的能量氧氣進入，也會呼出更多的二氧化碳、釋放體內的負面能量，所以練習這個動作時，一定要竭盡自己的能量、用盡全力，發出「咦、咦、咦、啊！哈哈哈哈！」的聲音。先開懷大笑三次，再來再做擊打雙手的動作，讓氣流下移到腹部甚至直灌丹田，就能夠啟動人體的能量中心。

在做大笑運動的「射雕英雄」的過程中，肺部與全身肌肉都在運動，笑 1 分鐘相當於 45 分鐘的放鬆，每分鐘的開懷大笑都

能達到這樣的放鬆效果。

笑是由緊張到放鬆的過程，大笑是身心吐納的鍛鍊，是天人合一的境界。笑能使肌肉鬆弛、消除疲勞；笑能透過神經反射增強大腦皮層活動，有助於消除緊張、憂鬱等不良情緒，並能夠改善睡眠和精神狀態；笑還能改善呼吸、循環、消化系統的功能狀態，使其活動協調，可有效預防及減輕疾病的發生與發展。

大笑雖好，但也要適度才行，應把握好大笑的「量」和「質」，切莫因為它好而過度操練或期待過深。

「笑一笑，十年少」，意指心情愉快之意，這是講求笑的「質」。相由心生，大笑運動旨在幫助人打開心扉，為大家傳遞一種正能量，堅持一種積極向上的生活方式。「心藏神，心神散蕩，喜笑不休則傷心」，強調要把握笑的「量」，把握笑的時間、把握笑的尺度，保持情緒的平穩和身心平衡。

大笑運動始終堅持：因材施教，因人而異。「每個人都有自己的震動頻率，各不相同，如果某種聲音對你有利時，你就會感到很舒服，產生積極反應。」我們經過八年的實踐，借鑒了「八大笑式」，發明大笑運動的系統模式和具體操作方法，提高康復效果，幫助每個人學習笑，並從多種笑聲中找到適合自己的頻率。

樂者壽，笑者康，笑是最好的良「藥」。無論是健康人或是病患，希望本書都能夠幫助你調整好自己的心態，從笑中獲得更長久的快樂途徑。

張立新
（中國笑療創始人）

第 **1** 章　為什麼可以笑出健康

人類確有一件有效武器，那就是笑。

——馬克·吐溫

第 1 節

你了解笑嗎？

探究「笑」的起源

德國的人類學家發現早在 3500 萬年前，人類就已經懂得如何笑了，這是最早關於「笑」的紀錄。「笑」帶動、改善了人類的神經元，並釋放出生物電流，每個神經元都能釋放出 1000 條生物電流，激活新的能源，如此一而再地重複，每個新能源又能在釋放出 1000 條新的生物電流。根據美國科學家研究人類在「笑」時，所釋放的電流時發現，「笑」能夠讓人類大腦產生 25 瓦的生物電流。此一特殊的生物本能幫助了人類大腦的進化。

嚴格來說，所有的生物裡，只有人類才有笑的能力，這也是為何人類能夠從大千世界裡脫穎而出的秘密。再者，人類的大腦與同屬靈長類的近親相較，腦容量是其他靈長類的三倍。

當人類失去「笑」的時候，其大腦必然處於封閉、僵化的狀態下。因此，如何保持大腦健康可說是保持健康的生命基礎。

細談歷史悠久的笑

「笑」是人類的一種本能，比語言還早出現，人類在發出第

一聲笑聲之後的 200 萬年，才開口說話，也是從那個時候起，笑聲才與人類行為聯繫起來。

人為什麼會「笑」？專家認為，400 萬年前，人類開始直立行走，但卻經常跌倒，當時的人只要看到同伴跌倒，就會發出笑聲示警，表示有人出了差錯，但問題並不嚴重。這個說法也許可以解釋為什麼直到今日，笨拙的走步仍然是許多鬧劇重要的表演元素。專門研究人類行為的美國生物進化學家戈菲說：「用雙腳走路，意味著更容易跌倒，從本質上來說，笑就是發源於那個年代。」，「現在，當我們因為有趣的事情發笑時，其實就是在笑那些曾經引起我們祖先發笑的事情。」此話一出，人們開始將笑聲與人類行為聯繫起來，包括開玩笑與嘲笑等。

▲ 笑是人類最好的溝通語言，透過目光投射、亮點表情及肢體動作，傳遞著一種快樂無憂的氛圍，轉化為健康的能量。

　　研究動物行為的科學家認為，幾乎所有的動物都有類似表示愉悅、親切的行為符號，**譬如馬，牠會透過昂頭、小跑步來展現牠的快樂**。但是經過長時間的演化，只有靈長類才能夠運用臉部的表情肌肉完成複雜的社會功能——「粲然一笑」。

　　曾有科學家進行實驗，發現由高到低降音的「哈哈」聲最受歡迎，由此可見，愉快的笑聲意味著沒有戒備，是一種表示無主動進攻意識和親切的標誌。

　　「幽默」與「笑」，早早就與人類的歷史綁在一起，最早的記載距今至少已有兩萬多年之久，如今，400 萬年過去了，我們仍無時無刻不與「笑」相伴，仍以與祖先們相同的方式笑著。「笑」是祖先留給我們最珍貴的禮物之一，但笑對我們來說仍然是陌生的！「笑」僅僅是一種社交的工具嗎？「笑」與健康有關係嗎？如果有，那麼，「笑」對於健康有什麼影響呢？

▲ 102 年在台北碧湖公園愛笑俱樂部分享愛笑運動與全體笑友們合影。

從實例中得到的啟示

「笑」是生活中最常見的表情之一，我們習慣用笑來表達心中的愉悅、歡樂等情感。但笑不僅僅是一種表情符號，它對我們的生活有著更深遠的意義。以下，就讓我們來瞭解一下中外古今用笑來戰勝疾病的例子，體驗一下笑的神奇作用。

在中國的大笑傳奇

金代名醫張從正，曾經運用滑稽逗笑的心理療法，讓一位精神失常、食欲極差的患者不藥而癒。根據以前的歷史記載：

舉人項關令的妻子因受激烈刺激而導致精神失常，不思飲食，不時呼叫怒罵，欲殺左右，經過半年數位醫生治療均無效後延請張從正診視，張主張採用逗笑辦法治療。翌日，張氏帶兩位塗成五顏六色花臉的老婦到患者面前，特意做出各種滑稽動作，患者看到後猛然大笑不已。

第二天，張氏又囑咐二老婦在病人面前做滑稽雜耍，患者看見後又哈哈大笑。接著，張氏暗使另兩婦人在患者面前狼吞虎嚥進食佳餚，並不斷聲稱味道好極了。患者目睹此情景，同時又嗅到美食的香味，當即索取此美食。如此數日，患者怒氣漸消，飲食趨於正常，病也告癒。

在美國的大笑傳奇

國外關於笑能治病與健身的例子也相當多。美國有一位名叫諾曼·卡森斯的記者突然罹患嚴重的膠原蛋白疾病的重症，令他非常痛苦。在當時，這種病幾乎是不治之症，然而堅強的卡森斯並未絕望，他想到老格言說：「悲傷會致病，快活會治病」，於是，他努力振作起來，把疾病帶來的痛苦先擺一邊，設法找來一些喜劇影片，請護士放映給他看。

當卡森斯這麼做時，他很驚訝地發現 10 分鐘的大笑竟然有明顯的鎮痛效果，而且睡眠狀態也比以前更安穩。後來，他乾脆辦理出院，自己安排生活，發自內心的笑成為他每日的必修課。10 年過去了，卡森斯依然奇蹟般地活著，並未被疾病打倒。

在日本的大笑傳奇

日本國際科學振興財團的研究也發現，糖尿病患者在觀看相聲等節目後哈哈大笑，能夠抑制患者飯後血糖值的上升。

更有研究指出，人體中有超過 90％的基因平時處於休眠狀態，當某些基因受刺激甦醒後，能夠釋放治療疾病的能量。

愛笑俱樂部裡也有很多成功的健康案例

⌒參加前⌒

　　吳小姐總覺得胸口憋著一股氣，非常難受，因此不敢做太劇烈的運動，深怕喘不過來氣來；此外，吳小姐的視力也不好，兩眼裸視不到 0.1；手、腳總是會發癢，腳底板、腳後跟疼痛，所以不敢勞累、走太多路。

⌒參加後⌒

　　但自從吳小姐參加了大笑運動，堅持大笑半個月後，她驚喜地發現憋在胸口的那股濁氣全被笑出來了，不再覺得胸口悶悶的，呼吸也順暢許多。當我們在廣州白雲山舉行千人大笑運動時，吳小姐甚至還自己步行上山，她說這在以前真是想都不敢想。沒想到，現在的吳小姐連視力也都有好轉，看東西不再需要那麼費力。參加大笑運動 10 天後，甚至還有意外收穫，減輕了 2 公斤。笑真是太神奇了！

　　由此可見，情緒對身體有著密切的影響。憤怒暴躁、憂鬱不安的情緒會削弱身體的正常機能，甚至引發疾病、加重病情；愉悅寧靜、欣喜開懷的情緒，卻能增強身體機能，有助於抵抗疾病侵擾、促進康復。尤其是情緒引起的疾病，心情愉快的治療效果有時甚至勝過藥物。

▶ 當您親臨愛笑俱樂部與笑友們互動盡情歡笑，就可以激發正面的思惟，療癒身心靈的健康。

一天一大笑，
遠離醫生與藥物

笑對健康的九大功效

　　眾所周知，笑非常有益健康。現代社會生活緊張、節奏快速，讓很多人倍感生活壓力沉重、精神緊張，健康狀況十分不理想，還有許多人經常抱怨自己體力不濟、精神不振、身心疲勞。各種慢性病、癌症、心血管系統疾病和呼吸系統疾病的罹患率也一年比一年提高，每個人都想著如何才能讓自己恢復健康，因此，健康概念日益受到人們重視，笑的優良效用也被有心人士挖掘出來，努力推廣。中國大笑俱樂部的創始人——張立新先生，經過對各種資料的收集與研究，總結出笑的 9 大功效：

1. 止痛

　　大笑時，大腦的神經細胞會釋放出「腦內啡」（endorphin），也就是大腦中專門負責傳遞讓人產生快感和止痛訊息的荷爾蒙。嗎啡之所以能止痛就是因為含有與內非肽相同的物質，大腦分泌出來的這種「止痛藥」是沒有任何副作用的。

2. 促進血液循環

大笑能使心臟收縮加強、心跳速度加快、心臟血液的輸出量增加。美國馬里蘭大學的研究證明，觀賞喜劇時，20 人中有 19 人的上臂動脈血流量會增加。換句話說：笑能使血流量平均增加 22％，血液循環速度增加會減少血液附著在血管壁上的可能性。

3. 增強免疫力

一項在觀賞幽默影片的前後分別測試血液的研究顯示，觀賞幽默影片後，人體的免疫系統相當活躍，血液中的抗體含量和白血球（這兩者是人體抵禦有害物質最有效的武器）的數量都較原來明顯增多，並且體內的抗體循環也明顯加快，顯見笑有助於增強免疫能力、對抗病菌。況且，「開心」還會增加唾液中的抗體，讓身體的防線更穩固。

4. 促進消化

大笑時，我們的肩膀會聳動、胸膛搖擺、橫膈膜會震盪，膈肌上下運動量因此而增大、內臟得到按摩，對消化系統大有裨益。而且大笑還能使更多的血液流進胃腸，改善消化功能。

5. 放鬆肌肉

當我們肌肉緊張時，牙齒是咬緊的；當下頷處於下移狀態時，則可以反射性地帶動全身肌肉放鬆。所以，大笑時，可以牽動臉部、手臂、頸子等部位的肌肉發生運動，大笑停止後，這些肌肉便很快就會放鬆下來。

6. 降低血壓

大笑時，體內產生的腦內啡有助於修復血管、改善血液循環、刺激神經系統、提高免疫能力，還可以加強心臟的承受力。

7. 促進肺部功能

大笑能令呼吸系統順暢。當我們笑的時候，鼻孔和嘴巴都張開，肺部擴張、肺活量增加，吸入的氧氣增多，大量二氧化碳也大量呼出，不但促進了肺功能，還可以清潔呼吸道，而且大笑後，血液的含氧量也大大增加。

8. 瘦身減重

大笑時，身體有 80 組肌肉抽動，大笑一分鐘等於做了 45 分鐘的放鬆運動。研究人員計算出人體在大笑狀態下比嚴肅狀態下多消耗 20% 的熱量，所以如果能夠每天開心微笑 10 ～ 15 分鐘，就可以消耗 50 千卡的熱量，也就意味著，光靠大笑，每年就可以減掉兩公斤的肥肉，而且大笑還能促進平時很少運動到的腹部肌肉，可謂是一舉多得。

9. 養顏美容

大笑可以減少皮質醇（hydrocortisone）分泌，皮質醇就是臉部痤瘡的罪魁禍首之一。當我們笑的時候，血液循環增加，可以把更多的養分送到皮膚，並運走皮下沉積的不好物質，進而改變皮膚的健康狀態。

☺ 笑是新興的健身運動

蘇聯著名的文學家高爾基曾經說過：「只有愛笑的人，生活才能過得更美好。」從生活態度來說，笑是生命哲理、是生活智慧、是生存策略、是人生境界；從健康的角度來說，笑不僅可以促進人體健康，對人的心理還可以產生正面的作用。笑，越來越被被視為一種良好的健身運動。那麼，這種新興的健身運動有什麼特點呢？

第一，笑是費用最低廉，又是人人與生俱來、用之不竭的良藥。

清朝有一位八府巡按罹患憂鬱症，經多年治療罔效。有一天，他經過某地，地方官推薦了當地一位有名的老醫生為他治病。這位老醫生幫他扶脈之後，十分認真地對巡按說：「大人罹患了月經失調症。」並開出處方，囑咐按時服藥。

巡按大人一聽，當場哈哈大笑，心想這個老醫生徒有虛名，是個老糊塗。回家路上，每當想起此事，就要笑上一陣，然而在笑聲中，他的精神憂鬱症逐漸減輕，待回到家裡，又將此事說與他的夫人聽，兩人又笑了一陣，他的精神憂鬱症竟然全好了。

老醫生不用一藥一方，就治好了巡按大人的憂鬱症，可謂是神乎其技。其實，笑是我們祖先留給我們的一種可貴的資源，不但對健康極有益處，對某些心理問題也有明顯的療效。笑這種良藥，不僅不用花費一分一毫，而且毫無副作用，人人都懂得怎麼

笑，只要好好利用這種資源，即可以大大的促進我們的健康。

第二，笑能增強人體的免疫力、提高身體的抵抗力。

人在笑時，下顎是處於下移的狀態，該部位的下移是人體放鬆的關鍵，能使人從緊張狀態中瞬間得到放鬆。笑是最好的體操，微微一笑牽動臉部 13 塊肌肉；哈哈大笑，臉部、胸部、腹部的肌肉全都參與運動。笑也能使人吸進更多的氧氣、排出更多的廢氣、保持呼吸通暢、促進身體新陳代謝；笑還能加速血液循環、增強心血管功能，使局部和整個身體供血充足。

笑使人身心和諧，變得樂觀，使生活更有質量。笑對人的心理活動有明顯的影響，它能調節大腦神經功能、消除緊張情緒、解除疲勞，並排除憂慮、煩惱和不愉快；笑能使人心情開朗、精神振奮、頭腦清醒，增進身心健康。

除此之外，笑還可以讓我們有能量以全新的面貌去面對生活，讓我們用快樂的表情來體會社會中的冷暖人情，讓我們去享受不同層次的豐富

▲ 卡塔利亞 · 麻丹醫師經常到世界各地傳授大笑運動。

情感生活，讓我們以充實的信心去面對挫折。用笑來面對生活，才是明智的選擇，笑到最後的才是真正贏家。

第 3 節

走進大笑運動

「笑」是一種有益於身心健康的運動,對於陶冶性情、排除煩惱、延年益壽有良好的作用。「笑」的這種難能可貴的作用,正日益受到人們的重視,於是,笑的事業也應運而生,**每年 5 月的第一個星期日被稱為「世界愛笑日」。**

☀ 起源於印度的大笑運動

卡塔利亞・麻丹醫師(Dr.Madan Kataria)是印度的快樂醫學家,生於 1955 年 12 月 31 日,是一名受過西醫訓練的合格醫師,在印度孟買執業達 15 年之久,同時兼任孟買加斯洛克醫院和研究中心的內科與心臟科醫師。他自 1995 年開始推廣愛笑俱樂部,是世界愛笑運動的先驅,他基於瑜伽的理論基礎發展了一套新的愛笑療法。

▲ 卡塔利亞・麻丹醫師(Dr. Madan Kataria)是印度的快樂醫學家。

1998 年元月,卡塔利亞・麻丹醫師在印度孟買發起大笑運

動，當時有一萬二千多人響應，發展到現在，**全世界所有愛笑俱樂部的笑友固定在每年 5 月的第一個星期日同步進行大笑運動。**

在世界各地，如德國、美國、英國、法國、義大利、挪威、丹麥、瑞典、瑞士、新加坡等地，近年來也都先後成立「愛笑俱樂部」，目前已經發展到六千多家俱樂部，光是發源地印度就有六百多家，參加俱樂部的人員踴躍，正好說明了笑對於生活、生命的重要意義。現在，已有許多國家都意識到笑的重要性，甚而致力把笑運用到各個生活層面。

大笑運動遍地開花

大笑運動在印度發展迅速，顯見笑對於生活和生命有著很重要的意義，很多國家也都意識到這一點，紛紛積極展開各具特色的大笑運動，讓「笑」遍佈你我的生活中。

大笑運動在德國

德國人向來以嚴肅謹慎著稱，專門研究笑的學者—米夏埃爾 · 蒂策發現：1950 年德國人平均每天笑 18 分鐘，如今卻只有 6 分鐘。米夏埃爾 · 蒂策認為，越來越大的就業壓力是讓德國人成天板著臉的原因之一，競爭讓人與人之間很難形成輕鬆愉悅的氣氛。

德國人烏貝爾決心改變這種狀況。他成立了連鎖經營的「開心一笑」培訓機構，只要繳納 260 歐元，就可以參加為期兩日的

培訓，並且可以學習到 300 種笑法，包括：伸出舌頭、兩手如獅爪狀，同時哈哈狂笑的「獅笑」；一隻手放在耳邊，好像拿著電話，同時發出銀鈴般笑聲的「手機笑」等。此後，歷來被視為嚴肅有餘、幽默不斷出現，**甚至有了世界上第一個「笑聲學校」**。

據說，「笑聲學校」的學員主要是白領、美容師、學生和家庭主婦，他們除了學習如何發出不同類型的笑聲外，還要接受如何視不同的場合來笑的培訓，學期結束還要進行考試，才能獲得合格證書。截至目前，「笑聲學校」在德國不少地方都開設了分校。**此外，德國還有一家酒店開辦了「笑聲節」，聘請喜劇演員逗客人發笑。**

如今，「笑聲俱樂部」、「笑聲合唱團」、「街頭笑聲班」等組織遍佈德國城鄉，與笑有關的小說、電影、電視節目等更是風靡全國。

▲ 中國的萬里長城揚名國際，張笑長帶著笑友們在此練習大笑運動，讓中國的笑友們與國際健康組織接軌。

大笑運動在美國

美國醫界近年來也很流行對笑的作用進行研究。前史丹佛大學（Leland Stanford Junior University）教授威廉・佛來博士等人30年如一日從醫療的角度對笑的運動學和心理反應，及其所產生的物質和能量進行了廣泛的研究。美國加州的一所大學的研究成果已證明：**大笑有助於降低血壓、在血液中產生消滅細菌的「殺手細胞」**。

針對人們看完卓別林的喜劇後，笑得前仰後俯時所進行的荷爾蒙分泌測試顯示，大笑運動對人體的作用相當於服用一劑改善免疫系統的良藥，「如果能把大笑做成膠囊，它肯定會被美國的任何一個藥廠爭相收藏」。

除了研究笑的作用外，美國醫界也將笑應用到疾病治療上。洛杉磯一家醫院規定病人每天都要大笑 15 分鐘，這就是精神放鬆法，罹患慢性病的老人都有計劃性地接受「幽默療法」，透用各種幽默和滑稽的方式來刺激病人們發笑，以達到幫助病人早日康復的目的。**愛達華州的波卡特洛市還通過一項法令，規定全市居民均不得愁眉苦臉，違者要到「笑容檢查站」學習微笑**，旨在鼓勵市民以樂觀態度面對逆境。

大笑運動在泰國

泰國 1999 年舉行了「笑最久」和「笑得最有趣」的比賽，參賽者有 64 人。數百名觀眾根據參賽者笑的原創性和古怪程度

給分，如果能持續傻笑和縱聲大笑，便可得到更高的分數。冠軍被一名 54 歲的家庭主婦奪得，據說，這位主婦持續笑了 9 分鐘，當她被護送下台時，仍持續在笑。

　　泰國的一座監獄還舉辦了一場別開生面的大笑比賽，比賽誰可以憑空發笑，而且笑得很有意思。參賽的選手清一色都是受刑人，比賽一開始，選手們一起上台集體亮相，先來個團體笑，看看誰的笑最出眾。

　　為了參加這次比賽，每個受刑人都盛裝打扮了一番，力圖在氣勢上壓倒對手，有人把自己打扮成清純小姑娘的模樣，一邊笑還一邊來回彎腰，像是跟大家鞠躬一樣；也有笑得極是奔放飆悍、撕心裂肺、捶胸頓地、滿地打滾、上氣不接下氣的。**主辦方希望透過大笑比賽的舉辦，能夠舒緩受刑人的精神壓力。**

大笑運動在日本

　　在日本，「笑與健康學會」在 2006 年 7 月 8 日成立，**創辦學會的主旨在於從科學角度研究笑所產生的活力和刺激，以及是否能為身心健康帶來益處。**

　　學會成員除免疫學和精神醫學領域的專家外，還包括落語家（類似中國的單口相聲）和狂言師（日本一種古典滑稽劇）等諧星。「笑與健康學會」將致力於開發跟笑具有相同效果的藥物，並培養護士們開玩笑和表演小魔術等。

第 4 節

大笑運動在兩岸三地

大笑運動在中國的興起

2006 年 3 月，我在深圳創建了全國第一家愛笑俱樂部，並與南方電視台喜劇表演藝術家晴天聯手，在廣州白雲山率先引爆中國的愛笑運動。那一次在廣州成功舉行千人愛笑活動，為之後愛笑健康運動的推廣奠定了良好基礎。接觸大笑運動之前，我曾在電視節目上看到台灣的陳達誠先生演練大笑，也上網查到印度的大笑瑜伽。

▲ 中國大陸愛笑俱樂部成立三個月已有二千名會員，每位笑友參與大笑運動，發現「笑」可以改變生了他們的生命與生活。

剛開始接觸時，我也半信半疑，但嘗試後，我發現笑確實可以緩解壓力，讓人很好地放鬆，也很簡易和經濟，便開始跟著陳達誠總笑長學習大笑瑜伽。感謝陳總笑長誨人不倦、傳授技藝、分享心得，鼓勵我堅持推廣大笑運動。

在成立「愛笑俱樂部」的兩個月時間裡，已經約有 2000 人登記為會員，包括老人、中年人、年輕人和小朋友，有的家庭甚至全家人一起參加大笑活動。

目前，在深圳的蓮花山公園裡，每天都有幾十位笑友聚集一起大笑，當中有不乏因大笑活動而受益的鐵桿笑友。此外，我也嘗試將大笑運動帶到不同階層的人群中去，近年來，康復協會、福利院、各種企業都相繼邀請我們去為患者和員工上課，也收到了一定的效果。中央電視台、南方電視台也都曾經報導我們的活動，為大笑運動的推廣打下了堅實的基礎。

◀ 2009 年臺灣的世界愛笑俱樂部巡迴大使陳泰淵與笑友在深圳蓮花山合影。

▲ 2008 年在香港舉辦的大笑運動講座，讓學員們笑出當下的力量，喚醒身體的自癒力。

大笑運動在香港

在香港，生活壓力非常大，心情鬱悶的人很多，因此推行笑療的人也多了起來，。時至今日，現在的香港各地區的民眾紛紛組成愛笑俱樂部，他們大多數都是與社區的中心合作，通常是非營利的單位，主旨在於推廣「笑」，藉著透過群體間的笑聲交流，增進身體健康與心情開闊。

在香港，愛笑運動推行得如火如荼，2008 年 3 月，張笑長受邀到香港教授笑療三天，三天之中，他帶領了五、六十名的笑友一起活動，當時有一位笑友在香港開辦了一間愛笑運動的會所，邀請張笑長到該會所分享笑療，從此以後，張笑長大約每兩、三個月就會至香港一趟，將他的笑療心得傳授給其他香港民眾，培養了不少帶領笑療的導師。

大笑運動在台灣

2004 年，台灣陳達誠先生無意間看到電視介紹「笑瑜伽」，這段節目吸引了他，好奇心驅使之下，他主動與大笑運動的創始人——印度的卡塔利亞‧麻丹醫生連絡，還購買了醫生的著作《笑不需要理由》以及愛笑瑜伽的示範 DVD，開始自學的旅程。

2005 年時，陳達誠先生創立了台灣第一個愛笑俱樂部，甚至

還自費參加了卡塔利亞‧麻丹醫生於瑞士舉辦的種子培訓課程，受訓結束後，還被醫生委以重任——回到台灣推廣大笑運動。

　　2006 年時，他與台北三軍總醫院的黃貴帥醫師一起在台北的國父紀念館成立了台北市第一個愛笑俱樂部，加重推廣大笑運動的力道，並在 2007 年開設了「笑長訓練課程」，著力培訓笑長，讓大笑運動的種子能夠在台灣這塊土地上深耕、茁壯。

　　至今日，「台灣愛笑瑜伽協會」已於 2010 年時成立，目前全台灣已成立了二十七個愛笑俱樂部，參加人數已不可同日而語，台北、桃園、新竹、宜蘭、台南、花蓮、屏東、高雄等各地區，均有大笑運動的影子。

為什麼我要推廣大笑運動呢？

　　這與我的童年經歷有關。記得我在 4 歲時，看見隔壁鄰居為了一顆雞蛋和別人吵架，最後負氣臥軌而意外結束生命，這場悲劇給我留下難以磨滅的陰影。尤其到了中年之後，我看到身邊有太多人活得很不開心，甚至有不同程度的憂鬱症。現在都市人生活壓力非常大，很多人已經不知道開懷大笑是什麼感覺了，所以我一直希望能找到一種可以調節情緒的運動，為大家找一個紓壓的方式，因此我才會不顧一切，放棄原有的事業，專心推廣大笑運動。

　　倡導大笑就是教你忘掉自我，找回真我。笑是沒有理由的笑、沒有理由的開心，先笑而後快樂，一反傳統的習慣，傳統的思

▲ 2013 年張立新在國父紀念館帶領愛笑運動，分享學習心得。

想使我們習慣壓抑情感，相信「不要嘻皮笑臉」、「不苟言笑」是多數人從小就被教導、學習的規範。從中西方傳統節日的差異我們可以發現，中國人歡度傳統節日的方式是以吃為主，如春節、端午節、中秋節；而西方歡度佳節則是以表現歡樂情感為主，如愚人節，聖誕節等。西方的文化與教育鼓勵人要表露出自己的內在情感，勇於做真實的自己，追求真實的快樂。

為了生活更輕鬆更健康，學習以歡樂和幽默的態度來對待人生，大膽地表達自己，勇敢地笑出來，大聲地笑出來！大笑運動無關乎宗教信仰、無關乎政治，宗旨就是「用歡笑幫助有需要的人」，笑是人類追求快樂和獲得快樂最經濟、最環保、最有效，同時也是最及時、最簡單的途徑之一。**笑可以重塑人類核心價值。**

快樂是人類生命的終極目標，每個人都有追求快樂的欲望。然而在現代社會裡，人們為了追求物質享受而將快樂遺忘，走得越遠，就越難抓住快樂和幸福。我們的口號：「笑是不需要理由的」，我們希望全中國有一億人來參加大笑運動，希望更多的人可以透過「笑」來收穫健康和快樂。現在深圳蓮花山公園，每天都可以聽見笑友的朗朗笑聲，在廣州的白雲山，每週六都能看到笑友們在開懷地練習大笑運動。

第2章 為什麼可以笑出健康

生活裡不能沒有笑聲，沒有笑，
人們就容易生病，尤其容易生重病。

——美國精神病學專家**威廉·弗賴依**博士

笑是物廉價美，
且用之不竭的心靈良藥

現代社會裡，隨著生活節奏的加快和社會競爭的日益激烈，人們承受的心理壓力也越來越大，許多或重或輕的心理問題也隨之產生。現在，心理學已成為一門快速發展的科學，現代人的心理問題也越來越受到醫生們的重視，身心平衡與否已經成為評價健康的重要指標之一。

從西醫的角度看問題

笑可以使人身心和諧，變得樂觀，也使生活更有品質。笑對人的心理活動有明顯的影響，它可以調節大腦神經功能、緩解緊張的情緒、消除疲勞，幫助排除憂慮、煩惱和不愉快等。現代醫學認為，笑能使人心情開朗、精神振奮、頭腦清醒，有利於身心平衡的發展。人在笑時，下顎處於下移狀態，該部位的下移是人體放鬆的關鍵，能使人從緊張狀態中獲得放鬆。

笑也是一種健康的宣洩方式，當我們感到悲傷、沮喪、煩悶、低落時，淋漓暢快地大笑幾分鐘，可以減輕壓抑在心中的種種不好的情緒，讓自己輕鬆起來。學會如何宣洩出心中的消極情緒，

是現代人一定要學會的生存技巧，因為長期受到負面情緒的困擾，健康狀態便很容易受到損害。**根據醫學研究指出癌症、肝病、腸胃疾病等症都與壞情緒密切相關**，長期憂鬱不快的人比樂觀開朗的人更容易罹患這些疾病。

▲ 笑可以活化大腦，讓身心靈和諧。

從中醫的角度看問題

對於人的心理問題，傳統的中醫很早就開始關注了。與西醫不同，中醫的《黃帝內經》從整體性出發，將人體視為是一個完整的整體，將喜、怒、憂、思、悲、驚、恐等情緒與人體的五臟六腑聯繫在一起。一方面，中醫認為人的情緒是五臟六腑功能的反應，**五臟六腑的運行是情緒產生的生理基礎**；另一方面，中醫認為人的情緒波動會影響臟腑的運作，正常的情志可以促進人體健康，但不健康的情志則會妨礙身體的正常運作。

▲ 大笑有益五臟健康，平衡身體運作機能。

中醫提倡的養生之道力主保持樂觀積極的心理狀態與生活態度，保持情緒的平穩和身心平衡。當我們遭遇到外界刺激而產生不好的情緒的時候，要及時疏導。悲傷時，除了痛苦，也不妨大笑幾聲，以排解心中的悲苦，這也是中醫理論所說的：「**悲傷心者，以喜勝之**」，說明了**笑具有克服悲傷，疏導壞情緒的作用。**

▲ 102 年張立新老師與國父紀念館全體笑友合影。

健康的標準和表現

　　人人都想擁有健康，但怎樣才算真正的健康呢？世界衛生組織全面思考身體健康、心理健康和社會適應力等各方面，制定出「5 快 3 良好」的健康標準與健康的 10 種表現。其中，健康的標準如下：

1. 快食

即是每餐都吃得津津有味，不挑食、不偏食、不狼吞虎嚥、不過飽或不飽，沒有食欲不佳的情況。

2. 快眠

也就是入睡快、睡眠品質好，沒有失眠、易醒、早醒或醒後感覺疲勞的情況。

3. 快便

是指感覺到便意時，能正常排泄大小便，沒有任何不適的感覺或出現大小便異常的情況。

4. 快語

是指說話時流利、清晰、辭能達意、中氣充足，沒有頭腦遲鈍、辭不達意或氣息軟綿無力等情況。

歷年期貨分析

5. 快行

行動自如、敏捷、有力、平穩，顯得精力充沛。若出現四肢綿軟無力、感覺虛弱，便很可能是過度疲勞或者身體有疾病了。

人體健康的 10 大表現

1. 精力充沛,能從容不迫地應付日常生活和工作的壓力,而不感到過分緊張。

2. 處事樂觀、態度積極,樂於承擔責任,做事鉅細靡遺。

3. 善於休息,睡眠良好。

4. 應變能力強,能適應環境的各種變化。

5. 能夠抵抗一般性感冒和傳染病。

6. 體重恰當、體態勻稱,站立時,頭、肩、臂位置協調。

7. 眼睛明亮、反應敏捷,眼瞼不發炎。

8. 牙齒清潔,無齲齒空洞、無痛感,牙齦顏色正常,不出血。

9. 頭髮有光澤,無頭屑。

10. 肌肉、皮膚富有彈性,走路輕鬆有力。

笑是良好的健身運動，
能增強人體的各種機能

　　平日，我們將笑看成是表達愉快或喜悅的一種表情，但事實上，笑也是一種健身運動，如同跑步、步行、游泳等運動一樣。笑可以提升人體機能，增強身體素質，讓我們活得更健康有活力。

笑是一種提升健康的呼吸法

　　大笑具有深呼吸的功能。笑是不需要刻意去創造的，只要經常笑一笑，肺活量自然會增加，剛開始學習大笑運動的人通常是從喉部發音的，但久而久之，笑會使得胸部呼吸進化為腹部呼吸，也就是能夠將氧氣帶入到丹田，自然而然地學會了用腹部呼吸，幫助身體吸收更多的氧氣，**笑過之後，人體的血液攜氧量增加 20 倍之多。**

　　當我們習慣了用腹部呼吸後，不僅呼吸的效率提高了一倍，也能夠增加氧氣和二氧化碳的代謝，提升血液總含氧量的的指數，簡單地說，等於提升了身體的新陳代謝能力。

　　笑能使橫膈肌隨著腹部呼吸上下運動，讓五臟六腑達到體內慢跑的效果。當我們笑的時候，大腦處於一片空白，獲得了一時

的放鬆。人每天產生 6000 個想法所要消耗的大量能量被保留下來，甚至還得到比平時多 35% 的氧氣。

　　不僅如此，笑這種腹部呼吸的方法，還具有強身健體、益壽延年的作用。現代生理學認為，人類所習慣的胸式呼吸方式，占全肺約 3/5 的中下肺部的肺泡長期處於廢棄的狀態，不是完全不參與、就是很少參與氧氣和二氧化碳氣體的交換，從未得到運動和利用。胸部呼吸一次約運作 4 秒鐘，吸入約 400 毫升的空氣；腹部呼吸一次約運作 10 秒鐘，吸入 1000 毫升的空氣。就此而言，**腹式呼吸可最大限度地利用肺部組織，充分進行氣體交換。**

每次吸吐9下，一天儘量做6～7次，若能每兩小時做一次更佳。

聞氣5秒鐘

慢慢吐氣出來約7秒鐘

肺部3秒鐘

好讓毒素能藉由肺部排出

▲ 排毒的３５７呼吸運動。
詳見《讓食物與運動成為你的健康良藥》吳永志博士◎著（第 117 頁）

胸部呼吸與腹式呼吸的差異處

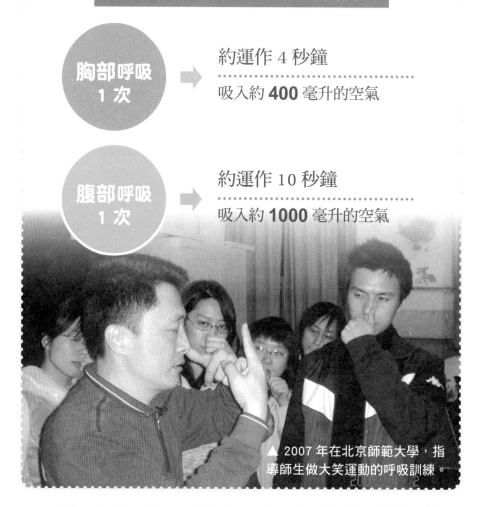

胸部呼吸 1 次 → 約運作 4 秒鐘
....
吸入約 **400** 毫升的空氣

腹部呼吸 1 次 → 約運作 10 秒鐘
....
吸入約 **1000** 毫升的空氣

▲ 2007 年在北京師範大學，指導師生做大笑運動的呼吸訓練。

大家都知道，年齡一旦進入 35 歲之後，肺活量就開始下降，老年時甚至容易感染風寒而得到氣管炎、肺氣腫，或其他心肺類等疾病。因此，從 35 歲開始，就應該進行腹部呼吸的養生鍛鍊，每日早晚至少要各進行 5 分鐘的腹式呼吸運動。

笑的腹式呼吸法對於恢復疲勞、增進情緒穩定、提升自信及加強身體活力、增進智能活動與減少生理焦慮、恐懼等，具有相當不錯的效果。根據統計、腹部呼吸能在短短的 3 ～ 5 分鐘內減少疲勞感、恢復活力與自信，寧靜煩亂的情緒，甚至能讓瀕臨爆發邊緣的脾氣，藉由這樣笑的動作放鬆而釋放出來。

▲ 83 歲的林陸阿梅女士與張立新笑長進行「天知地知」的大笑運動。

笑是鍛鍊心血管的有氧運動

笑是一種吐氣運動，經由吐氣的動作，有助於我們將堆積體內的負面能量、廢氣等吐掉，讓新鮮的氧氣取代身體廢棄物進入我們的體內，事實上，70% 的身體毒素都是經由呼吸排出的。就此而言，笑是鍛鍊心血管相當有效的有氧運動，而且是有氧運動中最簡單的一種，只要笑一笑，心血管自然就能得到運動的能量。

美國科學家的兩項最新研究結果顯示，笑能使人精神愉悅，同時還對心臟大有好處；相反地，心情沮喪則不利於身體健康，

甚至會增加早亡的危機。

　　其中一項研究的負責人，美國馬里蘭大學（University of Maryland）的教授邁克爾·米勒（Mike Miller）表示：笑會給心血管帶來的好處就像鍛鍊可以給心血管帶來好處的道理一樣，因為笑可以促進血液流通，避免有害物質的積聚。在研究過程中，米勒教授選擇了 20 部會讓人發笑的喜劇片和會讓人緊張不安的悲劇片，並讓 20 名平均年齡 33 歲的、不吸菸、身體健康的志願

▲ 卡塔利亞 · 麻丹醫師夫婦與台灣、香港笑長及笑友們一起傳遞歡笑的幸福時光。

者觀賞這些影片。當 20 名志願者觀賞影片時，研究人員檢測其血管內發生的變化。

研究顯示，觀賞悲劇時，20 名志願者中有 14 人的上臂動脈血流量減少；相反地，觀賞喜劇時，20 人中有 19 人的血流量增加。研究人員得到的結論是，在笑的時候，血流量平均會增加 22%；而當人們有了精神壓力時，血流量則會減少 35%。

對此，米勒教授表示，笑與有氧運動有一樣的功效，但笑可以使我們遠離運動所帶來的傷痛和肌肉緊張等不良影響。他建議人們一週進行 3 次運動鍛鍊，每次 30 分鐘；另外，每天起碼要笑 15 分鐘，如此對於身體健康大有好處。

☼ 笑能放鬆肌肉、消除疲勞

笑可讓人體腦部的腦內啡增加釋放，對消除身體疲憊非常有利。笑還可以消除神經和精神的緊張，使大腦皮質得到休息、肌肉放鬆，特別是在一整天緊張的勞動之後或工作中的休息時間，說個笑話、聽一段相聲，大腦皮質都會出現愉快的興奮點，有利於消除疲勞、增進健康。

對於一些慢性疾病，例如風濕痛、痙攣、纖維肌肉痛症候群，以及慢性肌肉疼痛，笑均能產生神奇的健康效應，其原因在於，笑能刺激腦內的腦內啡積極活動，從而產生止痛的效果。

笑是生活的花朵

蘇聯名作家馬克西姆。高爾基（Maksim Gorky）說：「只有愛笑的人，生活才能過得更美好。」笑是生命哲理，笑是生活智慧，笑是生存策略，笑是人生境界，笑是最好的人生態度，笑是最好的生活狀態。

我們需要笑，生活需要笑。如果說人生是一串煩惱的念珠，那麼樂觀的人是笑著數完它的。笑會帶給你人生的奇蹟，笑會幫助你戰勝痛苦、擺脫煩惱、忘記憂愁並帶來健康。願世上所有人都與彌勒佛一樣地笑口常開，讓生命灑滿歡樂的陽光。

先有快樂，後有健康

寫信的時候，我們經常會在結尾處祝福對方「健康快樂」。那麼，是先有健康才會快樂呢？還是先有快樂才會健康？

今日的社會，人們經常早起晚歸，每天在交通尖峰時間擠車、塞車倉促的趕到辦公室上班，到了中午休息時刻，雖然疲累到想睡，卻仍勉強撐起精神繼續工作，下班後再擠上滿滿是人的公車回家。我們總是提倡「時間就是金錢」，很多人根本忘了該如何享受生命，只有做不完的公事、家事，我們常常看不見就在眼前

的東西，人們會計算跑一場馬拉松的好處，卻忽略了生活態度、親友關係對健康的影響，而這些對於我們的健康來說可能比醫療養生更重要。

所以我們主張有樂趣的運動。也許很多人以為只有激烈的運動才能達到鍛鍊身體的效果，但其實不一定非要運動到全身痠痛才能得到健康，溫和的運動也是可以讓人精神煥發，同樣能帶來快樂和自信，使人得到自我控制的。

發掘出讓我們更有活力的活動，讓這樣的活動融入你我的生活中，就不必再另外花時間來做累死人的運動了。例如：

身體多運動有益健康

* 把車停在與公司有點距離的地方，然後走路上班。

* 上樓時，以走樓梯取代乘坐電梯。

* 下班時，走路穿過公園，吸取更多新鮮的芬多精。

* 上網、看報紙或看電視時，站起來動動手腳。

這些日常的活動看起來都很平常,但卻會在不知不覺中幫助我們消耗更多熱量,並讓人感到身心愉快。

相當多的科學研究資料指出,人類天生就是喜歡快樂,在我們大腦的深處有一個部位可以直接對快樂的感覺起反應,所以單身、分居、離婚或鰥寡的人比結婚的人早逝的機率高出 2～3 倍,罹患精神性疾病的比例也比結婚者高出 5～10 倍。

根據統計,離婚對心臟的影響與一天抽上一包香菸一樣大;心臟病、癌症、肺病、關節炎及妊娠併發症等症,常發生在社會關係不好、缺少支援的人身上。此外,笑還會增強人體的免疫系統,讓人比較少生病,即使只是欣賞一部有趣的電影也會增強我們的抵抗力。

關於追求健康,重要的投資在於強化心智方面。如果可以做自己的主人,不斷鍛鍊自己的大腦、發掘自己的感官能力、強化自己的心智健全,自然而然會活得越來越健康。

笑讓你以全新面貌面對生活

幾年前我曾經聽過有一對兄弟對生活認知差異的故事:有一對兄弟倆,哥哥平常在賣雨傘,而弟弟是在賣涼茶。

晴天,哥哥就會想:「天氣這麼好,沒人買我的傘,完全沒生意,為什麼不下雨呢?」

雨天,弟弟就會想:「唉!又下雨了,我的涼茶怎麼賣啊?」

無奈天氣總有晴雨，於是兄弟倆日日愁眉苦臉、悶悶不樂。

他們的母親見了兄弟倆，就說：「你們為什麼不快樂呢？老大，晴天時，你為什麼不想想弟弟可以多賣好多杯涼茶！老二，雨天時，你要想哥哥可以多賣幾把傘，這是皆大歡喜的事情呀！」，後來兄弟倆一想，對呀！於是煩惱一掃而空，二人都開心起來！

從這個故事可以啟發我們遇到挫折與不順心的事情時，可以換個角度看問題，本來覺得天大的事也許就會變得微不足道。我覺得，**調整自我心態是解決一件事的第一步**，只要把心態調整好，我們才能冷靜思考、找到出路。在我的人生中，也曾經有失意時，但每一次，我都會告訴自己：「只要我還活著，就還有希望。」，

望。」，所以現在的我雖然並不富有，卻比大多數人都活得開心。

為什麼我能活得比別人開心呢？理由很簡單：我會笑，我懂得用笑來化解生活和工作的壓力。笑一笑，可以給自己帶來積極的心理暗示，鼓勵自己能夠順利渡過難關；笑一笑，可以讓心中的鬱悶恐懼隨著笑聲而宣洩出去，減輕心理的負擔，讓自己有勇氣繼續向前行；笑一笑，就會看到生活中的希望，也帶給身邊的人希望，讓大家有充足的力量戰勝困難。

在極度緊張的時候，如果能夠笑一笑，也會得到意想不到的效用。例如，奧運短跑金牌得主劉易士（CarlLewis）在最後 30 公尺衝刺時，就是靠著「微笑」這個秘密武器，迸發出強大的能量而得到奧運金牌的，微笑使他的肌肉得到放鬆，衝刺時能有最好的發揮。同理，奧運金牌得主花蝴蝶葛瑞菲絲 · 喬依娜（Griffith Joyner）、高爾夫球手老虎 · 伍茲都是巧妙地利用了微笑放鬆的原理，而獲得好成績的。

▶ 奧運短跑金牌得主－劉易士，用笑激發細胞能量，做最後衝刺迎接勝利之戰。

如何擺脫憂愁，培養積極的心態

　　快樂不需要金錢，也是金錢買不到的。在物質的面前永遠不可能人人平等，但人人都有獲得快樂的機會，每個人都有快樂的權利和自由。我們不妨試試以下的方法，擺脫憂愁，培養積極的正向心態，從而得到心靈上一等一的健康、快樂與幸福：

1. **每日心情保持愉快：**早晨起床後，就要決心渡過愉快的一天，安排好今天要做的每樣工作，下決心不要被無聊的事情搞得身心疲倦。如果能夠在愉快、積極的氣氛中醒來，加上潛意識的暗示，一天的心情都會感到舒暢。照鏡子時，不妨對著鏡子笑一笑，告訴自己：「今天一定是幸運的一日！」

2. **敞開心胸正向思惟：**走路時，雙眼不要只顧著看地面，應該抬頭挺胸、昂首闊步，不僅可以增加自信度，也會發現許多自己平時不經意錯過的東西，例如：髒亂的大街上居然長著一棵俊秀的大樹；晨起運動的長者看起來紅光滿面、精神矍鑠，一切都顯得那麼美好，此時臉上自然會流露出愉快的微笑。

3. **虛心接受別人批評：**無意中做了傻事或錯事在所難免，沒有必要因此氣餒，也不用拒絕接受任何批評，而應該力求下一次的表現，把事情做好並接受別人善意的批評，並將各種批評視為激勵的力量。

4. **不要隨便責難別人：**切莫故意給人難堪，也不可對人吹毛求疵，凡事處處與人為善，努力發現優點，隨時表露友好的微笑，如此對於人際關係將有莫大的幫助。

5. **感受大自然的美好：**有空時，不妨多到郊外走走，感受大自然的美好風光，即使沒有時間，也要在陽台或窗台上種點小植物，與大自然接近，接觸地越深，心胸自然越寬闊，慢慢地就不會為無聊的瑣事而煩惱了。

「假笑」和「真笑」，
都能帶來笑果

對大部分的人來說，笑不過就是一種簡單、本能的生理現象。古往今來的墨人騷客對笑的定義感受卻不盡相同：「仰天大笑出門去。」，盡顯豪邁；「回頭忍笑階前立，總無語，也依依」，含蓄一笑包含著多少複雜的情感；溫柔多情的則是「輕顰淺笑嬌無奈」。一直以來，很多人都認為笑僅僅是人類的一種表情，其實，笑也是需要學習的。對於人體來說，真笑與假笑都會給人體帶來同樣的積極效果。

假笑是壞東西嗎？

我們每天有二萬一千次的呼吸，從呱呱墜地開始，呼吸就伴隨著我們生命的開始與結束，每分每秒都不停止，而「笑」可謂是加大劑量的呼吸。

笑的過程就是這麼特別的呼吸型態，實在無法以傳統對呼吸的認識來定義它，若強要以固有的認識來定義「笑」、認識「笑」，那麼鐵定很難笑，因為笑點太低，很難笑；沒有笑料，不會笑；沒有笑梗，就笑不出來……，笑變成一件相當奢侈的事情。

平時我們笑時，都是因為某些外在因素而引發的，不同的外在因素會引發不同類型的笑聲。例如，中大獎時，人們會發出喜出望外的笑容；與久別的親人見面時，會發出喜極而泣的笑容；看笑話時，會發出會心一笑。因為外力而引發的笑容，通常是被動的，也是最直接的心理表現。但如果沒有外在能夠引起人們喜悅情緒的事件時，我們會笑嗎？譬如，發生失業、失戀、生活不順心、遭遇意外等情況時，有多少人能夠笑著面對呢？

一直以來，很多人都誤以為「假笑」不算是笑，對身體沒什麼好處。但如果仔細研究我們的大腦，就會發現，其實這個觀點是錯誤的。笑，從生理上說是口輪肌和眼輪肌的一個運動過程，這個運動過程的變化被大腦接受以後，大腦就認為笑已經產生了，於是開始分泌腦內啡及快樂激素。換句話說，大腦只能接受笑肌的信號，但並不能分辨出是真笑還是假笑。

因此，生活中某些皮笑肉不笑的現象雖然令人討厭，但假笑與真笑在生理上確實都具有相同的作用。

從假笑到真笑

既然假笑和真笑在生理上具有同樣的效果，在這裡，我要向大家提倡一種笑法，即使沒有任何令人開心到可以笑出來的外在因素，也能發出笑聲。平時，我們笑是因為開心，而我則是提倡「笑了！所以開心了！」，不管心情好壞，先笑了再說，用笑來引發內心的喜悅感和感恩之心。

　　我所謂的這個笑就是主動的。一般人未曾受過系統性的發笑訓練，在面臨壓力與失敗等困境時就很難笑得出來。其實在心理上，儘管一開始是假笑，但藉此激發了笑意，漸漸地，就會打從內心產生喜悅感，本來只是假笑，慢慢地就變成發自內心的真笑。

　　有很多笑友，剛參加大笑運動時，都覺得很彆扭、放不開，笑得很僵硬、很勉強，但三、四天後就慢慢放開了。因為心裡感覺到越笑就越開心、越輕鬆，連帶的身體也放鬆了、生理上的不適也減輕了，所以現在都可以很自然、很愉快地笑出來了。

　　由此可見，經過這個有系統的笑練習，我們完全可以做到想笑就笑、想怎麼笑就怎麼笑。而這種笑或許在剛開始時並不真實，但隨著練習的加深，漸漸就變得很隨心、很自然了。在大笑的同時，我們的壓力、緊張等不好的情緒，都得到了良好的釋放，體內各臟器的功能也得到增強的效果，從而形成一個良性的循環。

2006 年 3 月首期笑聲之旅
——千名笑友齊集大笑

誘導「發笑」的訣竅

動作 1
嘴角上翹：嘴角上揚 45 度，
作歡樂狀。

動作 2
眼放喜神：眼睛放電，透出
喜意。

動作 3
收腹發聲：發出「哈～哈～哈」
的笑聲，直到一口氣盡時，收
氣再重來。

假笑可以引發真笑，激活人體內的快樂感受器——「伏隔核」

每個人的體內都埋藏了一顆快樂感受器——「伏隔核（Nucleus accumbens ;NAcc）」，或被稱為「依伏神經核」，**乃掌握了大腦對快樂的反饋能力，只要能夠激活它，開心的感覺就會紛湧而出**，所以稱它為「快樂感受器」一點都不為過。

但是要一個人無緣無故的發笑實在不容易，所以可以先從呼吸練習開始。呼吸練習是為了帶動笑，**「笑」這個動作本身就可以激活伏隔核**，伏隔核一旦受到激活，就會感受到輕微的興奮，此時笑就變得很簡單，即使假開心也能變成真開心。通俗一點的說法，便是笑點變得很低，很容易就可以開心起來，把笑變得很容易了！

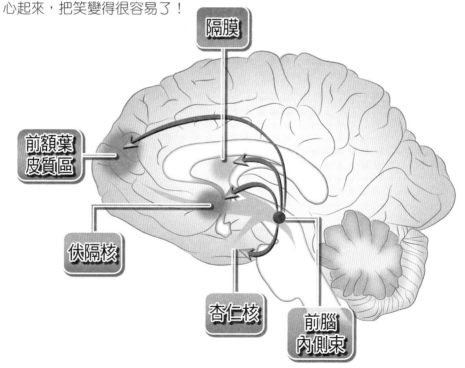

第 **3** 章 24 式療癒細胞的大笑運動

大笑運動結合暖身拍掌刺激穴位、運用腹式呼
吸法及肢體伸展的運動，
瞬間可以讓身體吸收更多的活氧，
自然排除體內廢氣，
進而活化細胞的能量，動作簡單健身效果非凡。

大笑前的熱身運動

在中醫理論中，人體有 12 條經絡，其中 6 條經過手部、6 條經過腳部。常運動這些經脈，可以使人氣血通暢，有強健身體、消除疲勞、加強血液循環的作用。

笑前的熱身運動

動作 1 在笑長的帶領下，隨著笑長一聲「開始」，全體笑友一起將手指張開。

動作 2 掌心對掌心、手指頭對手指頭，用力、有節奏地拍掌，同時嘴裡要發出「吼！吼！哈！哈！哈！」的笑聲。

笑果

中醫全息生物學主張，人的手掌反映著人體五臟六腑的所有訊息，熱身運動的目的就是流通經絡，使人體氣血暢通、身體發熱、心情愉快，同時提高人體的免疫能力。

動作3 拍掌的同時，站穩身體，並向左邊、右邊來回不停地轉動。

動作4 繼續拍掌，一邊輕輕走跳著，帶著友善的微笑走到他人面前，至少向五名笑友展現美麗可愛動人的笑容。

練習技巧

1. 用力擊掌，聲音越響越好，才可以有效刺激手上的穴道和經脈。

2. 大笑時，可揮臂大呼，並彈跳起來，可鍛鍊呼吸，運動腿部肌肉，並振奮情緒。

減壓力 8 式

第一式　鬼臉天使

　　生活在現代都市裡的人，容易感到壓力和緊張，是為自己的生存壓力而苦惱，緊張、苦悶等負面情緒，不僅會嚴重影響工作與生活，更為健康帶來了損害。因此，在現代快節奏的生活中，你必須掌握可以幫助自己放鬆的方法，這個方法必須能夠調節呼吸頻率，讓緊張的神經得以放鬆。

笑　果

　　這個動作把**雙眼圓睜**可以幫助我們運動平日不太運動得到的眼輪肌；**嘴張開**可以讓我們的下頷骨放鬆；而**吐舌頭**能夠促進唾液分泌，改善甲狀腺與淋巴腺功能；還有**撐開五指、搖晃身體**則有助於放鬆肩頸、使大腦血液循環，是幫助身體減壓放鬆的一種方式。

　　放聲大笑可以運動臉部、喉部的肌肉，以及調整呼吸頻率，甚至增加肺活量，同時大笑也是放鬆神經的最佳運動。做這個動作時，會讓人瞬間忘了自己的年齡、性別、地位等等，緊繃的神經也能因此放鬆。中老年人常與笑友們做這個動作，有助於保持年輕心態、恢復青春光彩。

動作 1 雙眼用力睜開,嘴巴微張、下顎放鬆,舌頭盡量向外伸出來。

動作 2 舉起雙手,放在雙耳的側邊,且用力撐開五指,並發出「啊!」聲。

動作3 雙腳站穩，發出笑聲的同時，左右搖晃身體。

動作4 一邊笑，一邊走到笑友面前擠眉弄眼、彼此互動，增強「笑」果。

練習技巧

1. 身體搖晃的同時要注意安全，尤其是中老年人，更要注意身體搖晃的幅度不要太大，以免失去平衡，而跌倒受傷。

2. 笑的時候，要全身放鬆，大腦放空，盡情歡笑，達到放鬆精神、減緩壓力的效果。

第二式　君子之爭

　　人際關係是生活中很重要的一環，人際關係好的人比人際關係不好的人健康、開朗，工作表現也比較出色。淡漠的人際關係會引發煩悶、委屈等負面情緒，也會使人的自我評價降低，引發情緒惡化。因此平日裡，你我都應該多多培養寬容、大度的良好心態，才能夠與同事、朋友建立起良好的關係。

笑　果

　　單手上下晃動可以幫助手腕、手臂的放鬆與運動，同時能帶來積極的心理暗示作用。藉著誇張的表情與動作，改善情緒與環境氛圍，並培養自己寬容大度、不計較小事、與人和睦相處的良好心態，有效幫助笑友提高社交能力及改善人際關係。

動作 1　右手舉到胸前，並伸出食指和中指。

2 將手指、手腕、手臂不停地指著旁邊的笑友（類似指點對方的情境）。

3 一邊隨意走動，身體要往前及往後仰，哈哈大笑。

動作 4　與笑友互動時，在心裡想像著：「哈哈，你氣不到我，我從來都不會生氣的，誰也氣不到我！」

練習技巧

1. 笑的時候，要走到不同的笑友面前，與笑友互動交流，才能達到培養寬容心態和提高社交能力的目的。

2. 大笑的同時，心中要想像著：「你可別想氣我，我從不生氣的」之類的話，有利於培養樂觀豁達的心態。

第三式 一見鍾情

　　失眠在現代的社會裡已經成為一種困擾著越來越多人的病症，幾乎每個人都有失眠的經驗，而造成失眠的原因之一，是來自於壓力和緊張。壓力會讓我們的肌肉不自覺地繃緊，令人無法放鬆入眠。若要改善因為壓力過大與精神緊張所導致的失眠，放鬆運動是最佳的方式之一，而「一見鍾情」的動作有助於消除身心緊張的效果，是一種對身體很好的放鬆運動。

動作 1 與校友面對面站立，舉起右手，伸直兩根手指。

笑 果

　　做這個觸電的動作時，等於是讓全身經歷從緊張到放鬆的過程——手指伸出去時，是緊張；收回來時，是放鬆。透過這個全身肢體運動，我們不斷重複「接觸─躲開」，讓心裡隱藏的壓力釋放，達到身心愉悅的目的。

動作 2　兩人互相四目相對，一邊笑著，一邊用手指輕觸對方身體（碰觸的同時，要想像著對方是個帶電體，碰到就像觸電一樣）。

動作 3 當手指觸碰對方的瞬間,下意識像被電到了,身體自然彈開,往後跳一步。

動作 4 一邊重複「接觸─躲開─接觸─躲開」的動作,一邊發出爽朗的笑聲。

練習技巧

做這式觸電的動作時,不拘於要用哪一隻手,可兩手交替使用,表情要盡可能誇張、肢體動作也越大越好,並盡量與多位笑友進行互動,才有助於讓你更快地進入愉悅大笑的狀態,避免害羞而不敢開懷大笑的尷尬。同時,與笑友們嬉戲,也可以幫助自己釋放壓力、消除負面情緒,提升身心靈的健康。

第四式　津津有味

　　便秘、胃痛等消化道疾病，是現代人常見的文明病，雖然這些疾病通常不是十分嚴重的重症，但如果長期得不到有效的治療與改善，或許會引發令人聞之色變的可怕疾病－癌症。「津津有味」是一種腹部的大笑運動，可以有效按摩腹腔內的臟器、加快腸胃蠕動，對於消化系統的健康十分有幫助，且腹部肌肉運動可以強化腹肌，對縮小腹、減肥也有正面的效果。

動作 1　把嘴巴整個鼓起來（想像自己喝了很大一口熱辣湯），雙手放到臉頰邊。

動作2 嘴巴張開、舌頭用力上下攪動（想像吞下辣湯，嘴巴辣得不得了），從喉嚨發出「笑」聲，用雙手（五指撐開）繼續搧風。

動作3 一邊大笑，同時身體前後晃動（嘴裡還是很辣），用力吐舌頭，雙手在胸前拚命前後搧風。

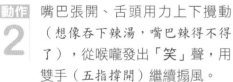

笑　果

雙手用力搧動可帶動腹部肌肉的震動，強化腹肌，幫助雕塑美好的體態，而這個腹部肌肉運動，能按摩與運動腹腔內的臟器，可以增強腸胃的消化功能，有效改善便秘、胃炎等多種消化道疾病，對於有便秘問題的年長者或上班族尤其適用。

動作
4

雙手搧風、身體前後晃動的同時，一邊發出「吼～吼～哈～哈～哈～」的笑聲。

練習技巧

笑的時候呼吸的頻率自然就好，唯一要注意的是，在呼氣時不要太用力，氣息要均勻，如此腹部自然會收縮，**全程要注意收腹提肛。**

有心腦血管疾病和哮喘等問題的長者要注意不要吸氣過猛，也不要過度憋氣。

第五式　步步高升

　　中醫認為，指尖是經絡的起點，人的手部有 6 條經脈經過，活動手指，可以運動到手指上的經脈和穴道，有助於加強血液循環、使氣血運動暢通，具有強身祛病的作用。因此在日常生活中，不妨多多活動我們的手指，還有助於鍛鍊大腦，提高學習與工作的效率。

笑　果

　　手指指尖牽引著我們的顳壓，做這個動作可以有節奏地活動十指，有效刺激手指穴道，加強血液循環，還可以幫助降低顳壓。對於經常用腦的族群來說，這個動作還可以刺激大腦神經，使人更加聰明，讓腦部維持充沛活力。

動作 1　左手舉高，以右手捏住左手尾指向外拔，同時輕輕地笑出來。

動作 2 依序再用右手捏住左手每根指頭向外拔，用力大笑。

動作 3 接著雙手上舉，雙腿彈跳起來，發出快樂的笑聲。

動作 4 換右手高舉，一邊笑，一邊用左手捏住右手每根指頭向外拔。

動作 5 接著雙手上舉，雙腿彈跳起來，發出快樂幸福的笑聲。

練習技巧

1. 捏拔手指時，不要很用力，須視個人狀況使用恰當的力度與頻率。一旦用力不當，很容易造成手指關節損傷，反而造成不必要的傷害。

2. 請注意，雙手要交替進行，才可以讓左右手的經絡都運動到，兩手的鍛鍊才會得到平衡。

第六式　沉默是金

　　在緊張、快節奏的生活中，壓力的形成往往是無可避免的。眾所周知，壓力除了可能引發胃炎、結腸炎等腸胃道疾病外，也可能導致血壓升高、提高罹患心臟病的機率，還會削弱免疫系統的能力，並導致多種心理問題。因此，我們要學會放鬆、學會放慢腳步，才不會讓無形的壓力損害健康，讓我們可以更集中精力為美好的明天而努力。

笑　果

　　做這個動作，既可鍛鍊身體，又不會影響別人，因為**不出聲**的大笑能帶動臉部肌肉活動，加速臉部的血液循環，可在一定程度上改善臉部的皮膚問題，
而且隱藏版的大笑可以釋
放壓力，尤其特別適合
整天坐在電腦前的上班
族、有氣無力發洩的
教師、每天找不到笑
梗的學生、高消耗腦
力的企業人士以及科技
人員等族群。

動作 1 閉著嘴巴，雙手向上展開，做開懷大笑狀。

動作 2 身體可以輕微前後晃動，張開嘴巴，但不出聲音地大笑。

練習技巧

1. 可找笑友互動。

2. 笑時不要發出聲音，以鼻腔呼吸，不要用嘴巴呼吸。

第七式　舌燦蓮花

　　飲食的不規律，造成腸胃問題已成為現代人好發的疾病之一。對於工作繁忙的上班族來說，三餐不定時、暴飲暴食、邊吃邊做、高脂飲食等不良習慣，讓上班族們必須經常忍受胃痛、胃炎、腸炎等腸胃問題困擾；而年事已高的長者隨著年齡增大，則消化功能逐漸衰退，容易出現消化不良、便秘等問題。要杜絕上述情況，除了要立即改變不健康的飲食習慣外，常做「舌燦蓮花」的大笑運動，也有助於改善腸胃不適的症狀。

笑　果

　　舌頭攪動時所分泌的唾液，先不要咽下，可鼓漱 30 次後，再分數小口慢慢咽下，藉以慢慢導入丹田。這種保健方式被稱之為「漱津」，可以有效改善消化不良等症狀。做此動作，可讓左腦休息、訓練右腦，幫助左右腦平衡。

動作 1 舌頭在口腔內和牙齒外左右上下地轉動（像在胡言亂語般）。

動作 2 發出「哩哩囉囉」的聲音，並露出快樂的笑容。

練習技巧

1. 可生津止渴，增進食欲。

2. 舌頭攪動可促進唾液分泌、營養吸收。

第八式　財神降臨

在中醫的 12 經絡，有 6 條是經過腿部的，因此當我們運動腿部時，經脈也可以獲得運動與刺激，進而促進全身的氣血運行，有利於人體臟器的健康。「財神降臨」的動作主要是運動雙腿，幫助氣血通暢、腿部肌肉強健，讓體態更加輕盈。

笑　果

想像自己中了大樂透頭獎，手裡抱著千元大鈔的這個半蹲彈跳的動作可以活動腿部的經脈和穴道，為全身氣血運行帶來很好的運動效果，有利於人體臟器的健康，也可以促進血液循環；運動胸、背、腰等部位，能讓肌肉和骨骼更加健康、體態更加健美。

動作 1　雙腳站開與肩寬、屈膝下蹲，想像自己買彩券中了大獎（想像自己高興地張開雙手環抱獎金）。

動作 2 雙手慢慢高舉至胸前（像抱起小山堆的鈔票要親吻似），同時起身站直。

動作 3 將雙手再繼續往上高舉（想像自己環抱滿手現金往上揮灑的樣子）。

動作 4 大叫一聲，雙腿彈跳起來，雙手向上伸展，同時開懷大笑。

練習技巧

1. 做此動作應選擇寬闊平整的場地，穿著柔軟舒適的鞋子，以免扭傷腳部。

2. 兒童的平衡感較差，彈跳時容易跌倒或絆倒，父母宜陪伴左右，同時也可以採取鋪設軟墊等安全防護措施，以免發生意外。

快樂笑療 8 式

第一式 八仙醉酒

由於長期久坐或者是坐姿不正確，中老年人與上班族大多好發頸椎疼痛等問題。

要預防此類疾病，經常活動頸部是有效的方法之一，活動頸椎，可使頸部的血液循環獲得改善，並緩解頸部疲勞。

笑 果

這個動作包含頭部的左右傾斜及後仰等運動，可以活動頸椎、改善頸部的血液循環，有助於防治頸椎的疾病；而身體往左右側彎，可以幫助拉開身體筋絡。對於經常久坐者，做這個動作也可消除因長時間伏案工作所引起的疲勞、抑鬱與頭昏目眩等情況。此外，這個動作還可以鬆弛神經、增加臉部血液循環的速度，讓你容光煥發、保持青春。

動作 1 身體站直,雙腿分開站立與肩同寬。雙手向前平舉、握拳,並伸出大拇指(想像一手握著一杯牛奶,另一手拿一個空杯子)。

動作 2 身體向右側彎,想像倒牛奶畫面(從左手的杯子倒向右手的杯子)。

動作 3　左手拇指輕觸右手拇指，同時發出「咦」的一聲。

動作 4　身體向左側彎，想像倒牛奶畫面，右手拇指輕觸左手拇指，同時發出「咦」的一聲。

動作 5 接著想像牛奶倒入口，嘴巴張開，發出笑聲。

動作 6 身體盡量往後仰，笑聲愈來愈大聲。

練習技巧

1. 年長者、有高血壓問題及失眠者，頭部後仰的幅度建議宜按己力調整，切勿過大，造成肌力負荷。

2. 中老年人應注意頭部和腰部後仰的幅度不要太大，以免失去平衡或造成頸部或腰部的扭傷。

3. 患有頸椎疾病的人，應注意頸部不要過度往後仰。

第二式　天知地知

現代人的生活節奏快速，結束一天緊張的工作後，常常會感到疲倦、無力與麻木。要在緊張生活之餘依然保持活力，最重要的是培養開朗樂觀的生活態度。當我們都學會如何保有生命中珍貴的一份熱誠和歡欣時，生活無論多忙碌，我們都不會失去卻自我的立場。

笑　果

每個人在成長的過程中，或許在內心深處會隱藏著一些小秘密，或許也會在大腦中記錄著永遠忘不了的美好往事。每每想到這個甜蜜的回憶時，難免會非常開心的笑一笑，這是任何藥物都無法取代的仙丹妙藥。經常重溫潛藏在內心深處、永遠無法忘懷的美好記憶，能夠調節心情，讓自己開心；學會沒事就想想美好往事自得其樂，這樣做你將會受益終身，懂得用甜美的心情活化細胞能量。

動作 1 放鬆手臂的肌肉，舉起左手放在耳邊（模擬講電話的姿勢）。想像自己正開心地講電話，聽到有趣的事開懷放鬆大笑。

動作 2 一邊說、一邊笑，同時身體隨著左右搖擺（手、頸隨意轉動，放鬆運動）。腰部、頸部隨意轉動或做後仰動（抱著愉快的心情，盡情大笑）。

換另一隻手做重複同樣的動作。

第三式　射雕英雄

　　中老年人隨著年齡的增加，呼吸與心臟的功能都會逐漸衰退，血流速率也會比年輕時差，若再久坐不動，則更容易出現高血壓、冠心病等疾病。因此，建議中老年人每隔一段時間就做做伸展運動，既可以鍛鍊心肺功能，又可振奮精神。這個大笑的動作難度不高，非常適合中老年人日常鍛鍊之用；對於經常久坐工作辦公的上班族而言，更有消除疲勞的效果。

動作1 身體站直，雙腳與肩同寬，左手伸直，向左側高舉，握拳。

動作2 舉起右手握拳，靠向左手，做出拉弓狀（想像自己正在拉弓射箭）。

笑　果

　　拉弓的動作具有延展腋下淋巴與乳腺、張開肺部,以及打開五臟六腑與心門的作用。身體往前後傾的動作則有助於身體的氣血循環,改善腳部的代謝。而張開並伸展雙臂、活動上肢的同時也可以舒展胸腔、拉開背部的肌肉。這個動作具有加快血液循環、加強心肺功能的作用,此外,還能提高抵抗力,幫助大腦鬆弛、振作精神。

動作 3　做拉弓的動作時,右手要分三次停頓。第一次停在左臂半截處,同時發出「咦!」的聲音。

動作 4　第二次停在身體左側的腋下,同時發出「咦!」的聲音。

動作 5 第三次停在右肩膀處，同時發出「咦！」的聲音。

動作 6 接著雙手放下，置於身體兩側，身體微微往前傾。

動作 7 全身放鬆，身體往後傾，同時雙手打開、掌心向上。

動作 8 雙手上舉、身體後仰，同時發出「啊！哈～哈～哈～哈」的笑聲。接著換左右手交換握弓和拉弓的姿勢，重複上述動作。

練習技巧

1. 模擬拿弓的手要伸直。

2. 雙眼要仰望著伸直的手。

3. 拉弓動作要有三次停頓動作，不要過快。

第四式　無聲勝有聲

　　長時間窩在辦公室裡的上班族，如果工作場所的通風狀態不良，很容易出現頭暈、疲倦、嗜睡等情況，對工作品質會造成一定程度的影響。這時，如果可以做做有助於改善呼吸的運動，將會使你精神一振，又活力充足。

笑　果

　　無聲的笑更能幫助我們運動到腹部肌肉，對於減重很有幫助。這個動作有助於改善呼吸、增加肺活量、提升心肺運作功能，還能夠改善睡眠、便秘及腸胃消化，又不會影響別人，非常適合上班族在休息時間練習。

動作 1 展開雙手，想像發現有趣的事，張開嘴巴大笑，但不能發出聲音。

動作2 隨著笑意，身體自然地扭動、擺動（像跳舞般）。

練習技巧

此動作非常著重於趣味性，練習時，若可與其他笑友互動，更可以營造快樂的氛圍、增加笑的樂趣。

第五式　心想事成

　　每個人都希望在自己人生的旅程中能心想事成，但往往會碰到事與願違，須知勝敗乃常事，失敗時，不要心灰意冷，只要曾經努力過，過程的經歷比結局更為重要；成功時，也不要得意忘形，更不要忘記感恩，且態度保持謙虛，向所有幫助過自己的人致以真誠的謝意。

笑　果

　　彎腰時，輕叩我們自己的心口處（膻中穴），可以幫助自體免疫系統的提升。而朋友間互動與鼓勵的祝願，則可以讓我們感受到真情的溫暖真心感謝曾經幫助過自己的人，可以讓歡喜、感恩滋養我們的心靈，讓我們在面對生活時更加從容。

動作 1　雙手合十，面帶笑容。

動作 2 走到笑友的面前，彎腰致敬，用哈哈大笑作為真誠祝賀和感謝笑友們的禮物。

動作 3 彎腰時，合十的雙手順帶往自己的心口處（膻中穴）輕敲。不斷的像每個笑友重複彎腰→起身致敬的動作。

練習技巧

這個動作強調互動與分享，所以一定要與笑友們互動，觀察笑友的表情聲音，祝賀對方時也要懷著真摯的情感，莫虛應了事。

第六式　喜極而泣

　　俗話說：人老先老腿，氣從足底生。人的腿部分佈著十二條經脈，腿部是人體的血庫。通過這個笑式可以使經脈暢通，氣血循環，平衡陰陽。中醫認為人的腿部分布著十二條經脈，只要運動腿部，就可以鍛鍊經脈，有利於五臟六腑的健康。喜極而泣笑式對於長期坐辦公桌的上班族來說，是非常有益的。

笑果

　　彎腰、下蹲左右搖晃的動作可以運動腿部的肌肉，除了能夠刺激分布於腿部的經絡和穴道之外，還可以鍛鍊肌肉，並保持關節的靈活度。

動作 1 雙腿併攏，雙手左右輕輕揮舞。

動作 2 慢慢往下蹲，同時一邊發出「嗚嗚—咽咽」的痛哭狀。

動作 3　身體繼續往下蹲（同時左右搖擺），腿部位置不動，同時做哭泣狀。

動作 4　當雙腳位置立定不動，張開雙手（掌心朝上），開始慢慢往上起身（同時左右搖擺），同時發出爽朗大笑。

動作 5 再繼續慢慢直立起身,並提高大笑的聲音。

動作 6 腳跟不動,身體站直,雙手張開,從丹田發出爽朗的笑聲。

練習技巧

1. 若有腦部、心血管疾病或慢性病患者,在起身時,動作不要用力過猛,應該慢慢起立,以免引起眩暈等情況。

2. 中老年人及行動不便者,建議做此動作時,一定要注意身體的平衡,避免因重心不穩而跌傷。

第七式　熱情有勁

　　孔子曰：「有朋自遠方來，不亦樂乎。」對於遠道而來的朋友，還有什麼會比熱情的握手和擁抱，更容易讓雙方感受到彼此的愛呢！千萬不要吝嗇你的熱情，讓我們像久別重逢的朋友一樣熱情相擁或雙手緊握吧！一定能讓我們感受到來自美好情誼的感動。

笑果

　　透過**擁抱或握手**的動作強調人與人之間的互動，得到快樂的感覺是很真實的，友情讓我們體會到溫暖，與朋友相處讓我們感到舒適並能放鬆情緒。只要有友情，每個人隨時都可以享受快樂的感覺。

動作 1 想像自己正熱烈歡迎親朋好友的到來，開心地與久違的朋友握手，並且眼神專注地直視著對方，手部要上下擺動。

動作 2 用感恩、惜福及真愛的心靈與笑友互相擁抱，手部可輕輕互拍，並且同時大笑出聲。

練習技巧

盡量與十位笑友互動，感受來自不同朋友的友愛之情誼。

第八式　大家加油

在人生的路途上，難免會遇到挫折與失敗，當陷入失意或沮喪時，若能彼此互相鼓勵，學習如何從逆境中成長，更能激發出我們的鬥志，一起攜手並進，創造更好的明天。

笑　果

用力甩手動作可以有效運動到手臂的肌肉，另外，大家相互激勵，可以激發出彼此的熱情和衝動，提升自信，讓我們鼓起勇氣面對生活中的挫折與失敗，為創造美好和諧的明天而努力。

動作 1　雙手先鼓掌，大聲説：「哈～哈～哈～。」，再用力向前甩出雙手（同時翹起大拇指），用力地喊：「**大家加油！**」。

動作 2 走到笑友的面前,身體往前傾（發揮您的熱情,展現友好的情誼）,用力伸直雙手（翹起大拇指）,大聲吶喊:「非常好,非常好,讚!」

動作 3 與笑友們繼續互動,身體往後傾,繼續鼓掌,並大聲說:「吼～吼～哈～哈～哈～,大家加油。」

練習技巧

喊「大家加油!」時要用力,為笑友、也為自己打氣。呼喊的口號也可以根據現場氣氛做變化,例如:今天要激勵 80 歲阿嬤,則可以改成「阿嬤好,阿嬤棒,阿嬤非常好,非常讚」的讚美詞與來取代,提升現場大笑的氛圍。

心靈能量 8 式

第一式　羅漢搖頭

　　脊椎是支撐身體軀幹、保護人體臟器、讓人靈活運動的重要元件。脊椎一旦受到損傷，會導致疼痛麻痺、行走不便、活動障礙，更可能引發中風和癱瘓等嚴重後果，所以要注意保持良好的工作姿勢，同時也要多做有益脊椎的運動，讓脊椎得以舒展，保持健康樂活的狀態。

動作 1 雙腳張開、雙膝微微彎曲，並舉起右手伸直。右手手掌張開，蓋住頭頂。

動作 2 舉起左手蓋住頭頂，雙手十指交疊，慢慢呼吸。

動作 3 身體放鬆，腰部慢慢往左側彎（如醉酒，搖搖晃晃進入仙境），然後發出愉悅的笑聲。

動作 4 身體再開始慢慢往右側彎，然後發出歡暢的笑聲。

練習技巧

1. 雙手要放在頭頂百會穴上，而不是放在腦後。

2. 運動腰部時要注意有節奏地搖擺，不要猛然急轉。

笑　果

　　前後左右搖擺腰部時，是在一種輕鬆的狀態下運動脊椎，可幫助每個脊椎關節舒展，牽動胸、腹、背的筋肉，改善大腦微血管的循環及五十肩問題，對頸椎與腰椎膝關節病變，尤其有益。

動作 5　身體開始慢慢往前彎，然後發出愉悅的笑聲。

動作 6　身體開始慢慢往後彎，然後發出歡暢的笑聲。

3. 中老年人特別要注意須量力而為，動作的幅度不要過大，以免失去平衡。

4. 體弱、大病初癒或有心血管問題的人，必須特別注意腰部搖擺的幅度。

5. 練習此動作，建議動作的幅度由小而大，量力而為。

第二式　悟空搓耳

　　根據中醫的理論，人的耳朵上遍佈著許多穴道，與身體的每條經絡、每個臟腑都關係密切。同時，耳朵也可以反應出關於健康的眾多重要訊息。傳統中醫認為，經常按摩或摩擦耳朵，可以促進氣血運行、疏通經絡，並且可以延年益壽，具有很好的保健作用。

笑　果

　　用手**搓雙耳**對於提升健康是十分有效的運動，因為耳朵有許多穴道和多條經絡，因此常做這個動作有延年益壽、改善耳部循環、缺氧的作用。此外，耳為腎之竅，這個運動能增強腎功能，對於緩解腎虧、頻尿等症狀會有一定的改善作用。

動作 1 以食指與中指夾住兩邊耳朵。

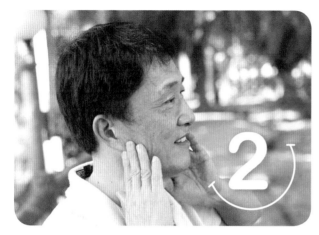

動作 2 手指夾著耳朵做上下搓動的動作。

動作 3 把耳朵搓紅、搓熱的,同時開懷大笑。

練習技巧

1. 搓耳朵時,動作要輕柔,不要過度用力,否則容易損傷耳朵。

2. 活動耳朵時,要把耳朵搓至發紅、發熱,才有保健的效果。

3. 搓耳朵的同時,不必原地站定,可以四處走動,甚至與其他笑友互動。

第三式　眼觀四周

　　現代人長時間用電腦、看手機，眼睛很容易疲勞、乾澀，甚至視力減退，如果不讓眼睛休息一下，絕對會對眼睛造成傷害。年長者則因為年齡的關係，眼睛功能退化，也會出現視力下降的問題。眼睛是如此地重要，但往往卻是人體中最容易受到損害的器官，因此更應該保護好眼睛。平時，要掌握正確的用眼方式，保健雙眼，多做眼睛保健操，才能讓眼睛保持明亮健康。

動作 1　面帶微笑，身體站定不動，伸出右手食指，移到身體的左側（準備由左向右繞大圓圈），眼球跟隨著食指轉動。

動作 2　右手移到身體的左上方，同時眼球隨著食指轉動（頭部固定不動）。

動作 3 右手轉移到身體右側（放鬆），同時眼球隨著食指向下轉動。

動作 4 左手移到身體的右上方，同時眼球隨著食指轉動（頭部固定不動）。

笑　果

　　經常轉動眼球可以消除眼睛疲勞、保護視力。這個方法簡單易行，無論在家裡還是在工作場所都可以做。需要長時間用眼的學生和上班族不妨每隔一、兩個小時做一次這個運動，讓眼睛休息一下。

動作 5 左手移到頭部上方，同時眼球隨著食指向上轉動。

動作 6 左手轉移到身體左側（放鬆），同時眼球隨著食指向下轉動。重複同樣的動作，左右手各做 36 次。

練習技巧

這個動作可在陽台等開闊場所練習，轉動眼球的同時，眺望遠方的景色，更可以消除疲勞、增進視力，並防治眼部的疾病。

第四式　彌勒笑佛

　　長時間待在通風不良的工作場所和封閉的居住環境，不免會出現頭暈、乏力與嗜睡等不適的情況。此時，如果會調整呼吸，就可以讓充足的氧氣透過呼吸進入人體中，有效鍛鍊心肺功能，同時也讓心胸變得更開闊。

笑　果

　　這個**彌勒笑佛**的動作可以幫助學習如何均勻、有規律地呼吸，每日持續做這個動作能夠改善心肺功能。同時，**開懷大笑**也可以減緩生活及工作上的壓力。每天想想彌勒佛大肚能容的開懷模樣，鬱悶煩惱自然少，心胸也會變得開闊。

動作1 站立，雙腿張開（與肩同寬），雙手十指交握，掌心朝上，放置於丹田。

動作 2 掌心朝上，慢慢往上抬，同時用鼻子吸氣。

動作 3 雙手抬至與肩齊時，由內向外翻掌。

動作 4 雙臂向上伸直。

動作
5
　雙手使力，越過頭頂。

動作
6
　手部用力伸至最頂時，雙掌在頭頂快速分開。

動作
7
　雙手向左右兩側展開，展臂的同時，呼氣，並發出「哈！哈！哈！哈！」的笑聲。

動作 8 雙手慢慢往下放鬆，想像自己就是彌勒如來佛，有著大大的肚皮與哈哈的笑聲，擁有「大肚能容容天下難容之事，笑口常笑笑天下可笑之人」的瀟灑。反覆作 1 ～ 5 重複 5 次。

練習技巧

患有心腦血管疾病及哮喘的患者，在大笑時，可根據自己身體的情況，適量調整呼吸頻率，注意不要過度憋氣。

第五式　皆大歡喜

人與人相處，難免會有爭吵或鬧彆扭的時候，但爭吵或鬧彆扭其實都會令人很不愉快，也會影響人際關係，無形中增加壓力、影響工作與生活。學會讚美別人，你會發覺自己得到更多，並且越來越快樂。

笑　果

這個豎起大拇指的甩手動作可以提升自我的精神層面。讚美是一種美德，讚美別人的同時，自己也會得到快樂。做這個讚美的運動時，會從內心深處發出一種與人同樂的愉悅感，這種愉悅感可以減輕我們的壓力，提升對生活的信心。這個動作尤其適合正處於困擾中或身患疾病的笑友，可以幫助他們堅強面對困境、渡過難關。

動作 1　面帶笑容，舉起雙手（豎起大拇指），做出讚美別人的姿勢。

動作2 走到不同的笑友面前，雙手手肘彎曲，再用力甩出說：「**你很棒！**」（用眼神讚美對方），一邊發出爽朗的笑聲（身體可以隨意扭動）。

練習技巧

做這個動作時，要走到不同的笑友面前，向對方展示自己充滿友善、鼓勵的笑容，將自己的快樂與人分享的同時，也可以得到別人的鼓勵。

第六式　妙手回春

　　老是坐著不動的人因為身體得不到足夠的鍛鍊，往往肌肉鬆弛、身體虛弱。因為我們的手臂上有六條經絡通過，如果可以經常活動手臂，就能活動到上臂經脈，能使氣血暢通，臟腑功能也會有所改善。

笑　果

　　這個甩手動作能夠運動雙手手臂，有助於刺激、震盪手臂上的經脈，使體內氣血暢通，同時也鍛鍊了手臂肌肉，是一種很好的放鬆運動。老年人與需要久坐工作的上班族不妨常做這個動作，以達到鍛鍊和放鬆的目的。

動作 1　預備將雙手大拇指置於腹部，然後伸出大拇指。

動作 2　雙手由內而外用力甩出，並伸直大拇指，同時發出爽朗的笑聲。

動作 3　左手置於胸前，右手向外用力甩出，並伸直大拇指，同時發出愉悅的笑聲。

動作 4　左手向外用力甩出，並伸直大拇指，同時發出愉悅的笑聲。

練習技巧

做這個動作時，甩手的力道以個人的身體狀況做平衡，速度適宜即可。

第七式　撒嬌天使

我們常常忙於為生活而奔波、為爭取更好的成績而努力，但是當我們滿足了自身的物質需要時，卻往往忘記填補心靈上的空虛。隨著年齡增長，我們逐漸失去了活力，變得越來越麻木與冷漠。現在來開始學習撒嬌天使，幫助我們的心靈保持柔和與平衡吧！對生活重新燃起熱誠與熱心。

笑 果

與笑友們一起做撒嬌天使這個動作，彷彿會讓人瞬間回到了青春年少時期，幫助你回復年輕時的心態，藉以排解沉重工作壓力帶來的疲勞。

動作 1 雙手自然地下垂，身體隨意站立（可與笑友同時做互動）。

動作 2 雙手微微地略彎曲,臀部往左、右兩側外彎(與笑友作出像孩子撒嬌、耍賴的模樣)。

動作 3 身體一邊扭動,嘴裡一邊發出撒嬌的「嗯～嗯～」長音(可與笑友四目相視對望做互動)。

動作 最後,像自己也忍不住好笑地挺起身,
4 發出「哈～哈～哈～哈～」的笑聲。

練習技巧

男性的笑友們,在做這個動作時,不必感到扭扭捏捏,只有暫時放鬆
自己、開懷大笑,才能達到運動脊椎和愉悅身心的效果。

第八式　感恩的心

　　根據中醫的理論人體有十二經絡，其中有六條是經過腿部的，因此當腿部運動時，經脈也可以獲得刺激，進而促進全身的氣血運行，有利人體臟器的健康。做這個動作可以有效運動，且刺激腿部，促進全身氣血運行，非常有利於健康。尤其是久坐辦公室的上班族多做這個動作，還可以鍛鍊腿部肌肉。

笑　果

　　這個踏步彈跳的動作可以加強腿部的血液循環。雙腳向上彈跳時，可以疏通經過腿部的六條經絡，有利於促進相關臟腑的健康。

動作 1 雙手伸直往上舉高，手心朝上，同時雙腳踏步。

動作
2
平舉的手臂也隨之上下揮動,並發出響亮的笑聲
(可與笑友做互動)。

動作
3
雙腳向上彈跳時,同時往上彈跳,發出「哈～哈～
哈～哈～」的笑聲(可與笑友互動激勵)。

第 **4** 章 大笑對身體的健康益處

大笑運動是不需依賴笑話或幽默感，
就可以在玩樂中自然產生大笑，
自然傳染成為真實的，
內心充滿歡樂及喜悅，
是現代人療癒身心靈最健康的良藥。

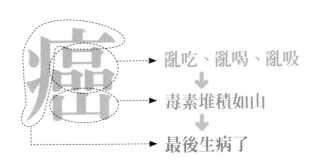

第 1 節

歡笑可增加抗癌能量

　　人人談「癌」色變，因為癌症已經是全球死亡率最高的疾病之一，但至今卻仍沒有有效的治療方法。癌症粗略可分為癌瘤、血癌、淋巴瘤和肉瘤四種。由於每一種癌症的症狀都不同，大多數癌症的早期病徵並不明顯，當患者發現自己罹癌時期，病情往往已非常嚴重，讓癌症的診斷與治療非常棘手。

　　醫學專家認為，癌症的形成主要與環境、生活習慣、飲食以及遺傳有關，而長時間處於壓力與不良的情緒之下也會誘發癌症發生，所以對付癌症最好的方法是事先防範，建立預防醫學的意識，避免癌症病魔來襲。但如果不幸罹患了癌症，也無需過於驚慌，還是要保持心情開朗、笑口常開，穩定愉快的情緒在一定程度上可以幫助預防病情惡化。

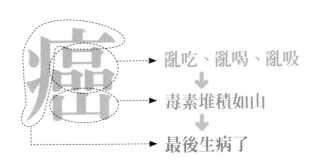

亂吃、亂喝、亂吸
↓
毒素堆積如山
↓
最後生病了

☀ 笑是一種自然療法

有一位科學巨匠曾經說過：「人體生命科學是科學界的珠穆朗瑪峰。自然界的珠穆朗瑪峰早已被人的意志和體力所征服，相信科學的珠穆朗瑪峰被人踩在腳下的日子也一定會到來的。」

遺憾的是，科學的發展似乎讓人們誤以為可以不顧人體的先天本能了。醫學的進步使人們習慣了只要生病就到醫院診療，將自己的生命責任交付給醫生處理，唯醫囑是從，心甘情願地吞服醫生開出的化學藥劑，或者有些患者病重只能任由手術刀在身上切割，而被醫生宣布「沒得救了」的病人，也只能在絕望中等待死亡降臨，但大家卻忘記了，甚至根本不知道自己體內就有一座「化工廠」，可以製造醫治自己疾病的藥物，然而這些天然藥物沒有任何的副作用，這個「化工廠」也就是我們身體所擁有自療的能力。

有個退休長者，1996 年 12 月時被確診罹患惡性淋巴瘤，在醫院住院治療約 8 個月，他的主治醫生以手術加化療的方式為他進行診療，整個過程下來，他整個人變得面黃肌瘦，連走

▲ 張笑長指導笑友們練習如何運用呼吸配合大笑運動來舒展身體的訣竅。

路都很困難。當他看到同病房年紀比自己年輕、病程還短的病友，因經不起大劑量的化學藥物茶毒，最後被推入了太平間時，於是他透過自我保健與中藥輔助治療的方式，成功擺脫死神瘋狂的追捕，反而活得更好。究竟是如何擺脫癌症的死亡威脅呢？他的答案非常簡單：「常保持開心和微笑！」

現代人雖然相信保持良好的情緒，可以讓人少生病，甚至不會生病的道理，但很少人會相信只要「開心」與「微笑」就能讓一個瀕危的病人起死回生。但是上述的案例並沒有騙人，他的確是以「開心常笑」醫好自己的！

但是，世界上大多數的人根本做不到開心常笑！想想自己與身旁的人，今天、這一週、這個月或者是今年，有多少時間是開心微笑的呢？也許你會說：「我每天都很開心、很高興啊！」，但是我要告訴你：「**開心時的感覺應該是——無比的輕鬆愉悅、心裡沒有絲毫不滿足、身體沒有一絲絲的痛苦或不快。**」，真誠的笑是發自內心，沒有絲毫勉強的。

這種感覺，你曾經有過嗎？曾經歷過多少回？如果有，這種美妙的感覺維持了多久？回過頭來說，如果你突然間變得一無所有，連吃飯都成了問題；又或者醫生告訴你，你的生命已經所剩無幾，身體無時無刻都受著癌細胞的啃蝕與折磨，疼痛讓你睡不著、吃不下、坐臥不寧，你還笑得出來嗎？

如果答案是肯定的，那麼，恭喜你，你天生的自療本能一定是可以恢復的！**任何相信自己擁有天生自療本能、有信心可以恢**

復這種本能，並且能做到「經常保持開心微笑」的人都是可以成功的！

☺ 笑是如何達到抗癌效果的

美國專門研究幽默與健康的著名醫師——李‧柏克指出：「**歡笑與幽默是防癌、抗癌的最佳良藥**」。也有研究證實，捧腹大笑確實可以增強免疫系統、降低造成緊張的荷爾蒙，而積極的心態可以使健康的人保持健康，有助於癌症的預防，「笑」具體的生理功能，包括以下四大作用：

★ T細胞可以協助組織免疫系統的反應，而大笑可以使 T 細胞準備好，等著接收訊息。

T 細胞會增多

免疫球蛋白 A（IgA）抗體增多

★ 免疫球蛋白抗體可以降低呼吸道感染。

★ γ 干擾素可以開啟人體的免疫系統，對抗病毒及調節細胞生長。

γ 干擾素增加

B 細胞增加

★ B 細胞聚集在淋巴結附近，為人體製造抗體，對抗有害的細菌與病毒。

　　所以說：「勤笑少愁治百病」，笑能治百病，愁則會讓人白頭。笑了，身體才會健康，才會發現世界的美妙，才會發現生活的幸福與美好。

① 皆大歡喜

動作要領（見本書第153頁）

功　效

與笑友們互相鼓勵，在讚美別人的同時，也得到快樂，並重新在互勉中建立信心。這個動作尤其適合正處於困擾之中或身患疾病的笑友，可以幫助他們堅強面對困境、渡過難關。

② 天知地知

動作要領（見本書第123頁）

功　效

經常回味收藏在心底、難以忘懷的美好記憶，能夠調節心情、排解憂悶，重新建立對生活的信心。若能自得其樂，你的心境將會逐漸變得開朗與樂觀，不會再終日憂心忡忡。

☺ 大笑運動助你防癌抗癌

1. 每天堅持開懷大笑

不要忘記，笑也是一種健康的健身運動。**笑除了可以提升人體免疫力，還可以幫助人體器官的運作功能。**笑的時候，要全身心地投入，很快你就可以覺察到身體發生的變化。

2. 堅持做大笑運動

再有效的運動，也要持之以恆才會有效果。持續堅持做大笑運動，可以讓健康逐步獲得改善。若能與笑友們互動，透過團體活動，更能有效提升自己的精神狀態，保健效果會更明顯。

☺ 笑與「健康提案」結合，助力加倍

良好的生活習慣是健康的基石，無論買多少保健品、吃多少藥、看多少健康節目，都沒有培養出良好而健康的生活習慣來得重要。專家提醒我們，如果養成了不健康的生活習慣，就形同慢性自殺，終有一朝會對健康造成嚴重損害。

規律的生活

不規律的生活習慣包括：暴飲暴食、經常熬夜等，無論是哪種行為，都會降低人體的免疫能力，讓人體更容易受到癌細胞的侵害。

> **建議方案**
>
> 每日定時上床睡覺，保證天天都有充足的睡眠；三餐定時定量，不要因工作忙碌或懶惰而不吃早餐或午餐，也不要暴飲暴食。

學會放鬆，遠離癌症

很多人都知道不良的情緒會影響健康，其實心理壓力、長時間精神緊張等情況也都會促使癌症發生，肝癌、肺癌等都已證實與不好的情緒有很大的關係。因此，學會將這些負面情緒合理地宣洩出去，可以有效防癌。

> **建議方案**
>
> 平時就要培養樂觀積極的生活態度，常參加團體活動或外出渡假都是不錯的方式，登山與接觸大自然等都可以開拓胸襟、放鬆精神，讓你不再感到煩悶、憂鬱。

適量運動以防癌

人們常說：「運動就是生命」，這句話的確有它的道理。運動有益健康，是因為適當的運動可以增進血液循環，增強人體各

系統的運作功能。此外運動還可以舒緩緊張的情緒，鍛鍊肌肉和骨骼，讓你保持年輕的狀態，可以延年益壽。

> 三天打魚兩天曬網式的運動，並不能達到促進健康的作用，而突如其來的劇烈運動，則很容易讓你久未活動的身體受到意外傷害。
>
> 正確的運動方式應該是持之以恆，每週三次有氧運動就足以大大提升體能健康。此外，選擇適當的運動方式也很重要，適當的運動會讓人感覺微微出汗，且身心舒暢。運動後若有任何不適，就應該馬上調整運動的強度與方式。

你要知道的運動健康常識

1. 做有氧運動時，要持續一段時間才會有效，例如：游泳要持續游上 20 分鐘、步行要持續 30 分鐘、爬樓梯也要緩慢地爬，才能達到運動的效果。

2. 無論是運動前還是運動後，都要補充足夠的水分，但是運動後不要貪圖涼快，馬上灌下冰冷的飲料，涼開水才是運動後理想的補充飲料。

3. 如果選擇在下午運動，最好是在午餐後 3 小時再進行。再者，劇烈運動後也不能馬上進食，最好在 30 分鐘後，再吃固體食物。

4. 初次運動或很少運動的人，無需勉強自己一口氣做大量的運動，一旦感覺心跳加速、呼吸急促，就要立即停止，之後再慢慢增加運動量。

每年做一次身體檢查，將癌細胞扼殺在搖籃之中

有些人認為生病了才需要去醫院看病，其實定期的身體檢查，可以幫助我們盡早發現健康問題，尤其是早期並沒有明顯症狀的癌症，發現時往往已到了中晚期，對治療者來說是很大的困難，所以，盡早檢查盡早發現，是防治癌症非常重要的手段。

建議方案

不要輕視每一次的身體檢查，只要發現任何異樣，就要及時就醫。每年最好做一次全身健康檢查，除了常規抽血、胸部X光檢查項目外，再適當增加一些必要的項目，如成年女性最好能定期接受子宮頸抹片檢查與骨盆腔檢查，以排除子宮頸癌的病症。體檢的詳細項目可依據個人需求，向醫院諮詢。如果親人中已患有癌症者或有家族病史，更應該盡早接受健康檢查。

向香菸說「不」

抽菸的壞處很多，其中之一就是會引發癌症。香菸點燃時會釋放四十多種致癌物質，對抽菸的人與旁人危害都非常大。如果你有抽菸習慣或身邊的人常抽菸，必將提高罹患肺癌、喉癌、口腔癌等的機率。

建議方案

如果想抽菸時，可以去沐浴、嚼口香糖或喝水等都可以轉移注意力，在一定程度上，可以緩解戒菸時所產生的不適感。

抽菸對健康的危害

1. 香菸煙霧中的有害物質會令小支氣管痙攣、氣道變窄。

2. 香菸會造成肺部呼吸功能受損,長期抽菸容易誘發肺氣腫、肺癌等肺部疾病。

3. 香菸煙霧會刺激支氣管黏膜,增加黏液分泌,容易造成細菌感染與咳嗽。

4. 研究發現,香菸煙霧可能減弱心臟動脈細胞內壁的功能,進而誘發冠心病發作。

拒絕過度飲酒

根據統計,一天若攝取超過 10CC 的酒精,罹患癌症的機會將會大增,因此為了自己的健康著想,最好不要過度飲酒。

> **建議方案**
>
> 不要將酒精當作精神安慰劑,也不要以為喝了酒就可以讓煩惱全消除,飲酒只會讓自己更添加煩惱而已。
>
> 應酬時,千萬不要勸酒,也不要逞強,喝酒前宜先進食豆腐、魚類、蔬菜等食物。有宿醉時,最簡單的解酒方就是飲用運動飲料或喝一杯以檸檬汁、蜂蜜與開水調製的「檸檬蜂蜜水」。

第2節

笑可改善肝功能

　　肝臟是人體內重要的器官，參與人體的新陳代謝，在解毒、凝血、免疫、熱量產生等方面都有非常重要的作用。與其他臟器不同，肝臟細胞具有極強的再生能力，如果肝臟被切除了一部分，之後還是可以恢復到原來的大小。

　　但是再生能力如此強大的肝臟細胞，還是會受到病毒、毒物的影響，而引發肝病。肝臟病變引發的疾病很多，尤以肝炎最為常見。

肝炎種類	A型肝炎病毒	B型肝炎病毒	C型肝炎病毒
	D型肝炎病毒	E型肝炎病毒	

　　防治肝病，除了要及時就診、遵照醫囑進行治療外，無論是健康人或是肝病患者，都要從日常生活做起，減低對肝臟的傷害。因為肝臟的健康與情緒密切相關，保持良好的情緒，多笑容、少生氣，有助於養護肝臟。

☺ 怒可傷肝的道理

中醫習慣將人的情志與我們的五臟六腑聯繫在一起，認為人的情志與臟腑的運行是相互依存、相互影響的。其中肝志為怒，因此「怒」這種情緒與肝臟的健康是密切關聯的，發怒、生氣都會為肝臟帶來嚴重的傷害，甚至影響肝功能。根據統計，90%以上常生氣的人，肝臟都是不健康的。

早在兩千多年以前，《黃帝內經》中就有「百病生於氣」之說。人人都知道「氣會傷身」，但很少有人能在遇到冒犯自己的事情時心平氣和，但是必須明白，當你怒火萬丈時，不只是跟別人過不去，也是和自己過不去，是在因為別人的過錯而讓自己的身體跟著受累。

生氣如何會傷害我們的健康呢？中醫認為，過於波動的七情六欲是致病主因之一，中醫講「怒則傷肝」，指的是暴怒或怒氣太盛會傷害肝臟，許多肝病都與消極的情緒有關。在中醫理論中，肝有兩大功能，其一是主疏瀉，肝屬木，喜條達疏瀉，不喜壓抑；其二是主藏血，肝臟可以貯藏血液和調節血量。

因此，從肝主疏瀉的角度來看，過度憤怒或宣洩過度，即會產生煩躁易怒、失眠多夢、頭暈腦脹的症狀。反之，若無法發洩憤怒情緒而生悶氣，則易導致精神憂鬱、多愁善感的症狀。由於肝的疏瀉功能與脾胃的運行密切相關，所以如果肝的疏瀉功能一旦受阻，肝氣就會橫逆而行，侵犯脾胃，亦即肝克脾胃，可有打

嗝、噁心、胃病、腹脹等病症，久而不解，影響脾胃運作，就會累及全身健康。

再從肝主藏血的方面來看，人在暴怒時，肝血隨著怒氣上衝，上達於頭部，而有面紅耳赤、青筋紫脹的症狀，嚴重者甚至可能發生腦溢血等急症、險症，若這種情況持續，久之就會影響心臟。這是因為肝為心之母，肝血不足，則不能養心，以致心神不寧，而出現失眠多夢、煩躁易怒的狀況。

西方醫學經過實驗，證明了人生氣時，身體會產生毒素。他們發現，生氣會引起氣促、胸悶、哮喘、心跳過快與失眠等症狀。美國的科學家曾做過一個實驗，研究人員趁著實驗參與者生氣時，在對方的嘴上套上一根管子，管子的另一頭放在雪裡面。待雪融化後，從中抽取 2 毫升雪水，注射到白老鼠體內，經過 5 分鐘之後，白老鼠就中毒死亡了。由此可見，生氣及憤怒的情緒對健康的影響是多麼的巨大。

☼ 用笑來調控情緒

由於肝臟健康與否和情緒有很大的關聯，為了**養護肝臟，我們必須學會適當休息與調控情緒的技巧**。例如，在保證充足睡眠的前提下安排一段時間讓自己獨自靜思，來一趟「精神之旅」，與內心交談；或向信賴的朋友傾訴內心的疲乏與煩惱，聽從友人的規勸、接受現實；調整生活與工作的方式，宜張弛有度，都是調節情緒的有效方法。

日常生活中，解除壓力與壞情緒的方法很多，笑是最簡單、最經濟的方式。如前文所述，當我們哈哈大笑時，下額處於下移狀態，能讓人從緊張狀態中得到放鬆。

同時，笑也是一種健康的宣洩方式，當我們感到悲傷、沮喪、煩悶、低落時，淋漓暢快地大笑幾分鐘，便可以減輕壓抑在心裡的種種惡劣情緒，讓自己輕鬆起來。尤其是肝病患者，在療癒期與康復後，更應該注意情緒的穩定性。

許多病人在得知自己患病之後，終日鬱鬱寡歡、意志消沉，反而使得病情加重，不利於身體康復。反之，如果病人可以保持開朗而樂觀的心情，擁有戰勝病魔的信心，對於病情的好轉就很有幫助。對健康的人來說，樂觀可以保護肝臟免於壞情緒的傷害，減少患病的機會，還可以增強自身的免疫力，可謂是一舉多得。

當然，在此，我們並不主張為了不生氣而極力壓抑情緒，如前文所述，生悶氣會擾亂肝氣，對肝臟造成傷害。中醫認為，適當的發怒有利於抒發情緒、減輕心理壓力，是有益於健康的。

要讓自己免於憤怒情緒的困擾，最好的方法是培養開闊的心胸，用寬容的態度去對待身邊的人與事，不為種種瑣事而生悶氣。這樣，才能做到勇敢面對自己，以積極的態度與有效的行動面對現實環境。

大笑運動助你護肝

1. 時常微笑，保持心情舒暢

好情緒可以幫助體內各系統的生理功能保持正常運作，讓肝的疏瀉正常，有利於肝臟的護養。成天沉默寡言、情緒壓抑，則可能導致肝氣鬱結或的問題。

2. 每天做大笑運動，助你放鬆心情

笑是一種很好的放鬆運動，與笑友們一起毫無顧忌地開口大笑，有助於緊繃的神經與肌肉放鬆，讓我們走出鬱悶、苦惱等負面情緒，擁有更健康的肝臟。

笑與「健康提案」結合，助力加倍

肝病多半都是慢慢演變的，如果你正好患有肝病，那麼就要有長期作戰的準備，因為恢復健康並非是一朝一夕可完成的，而必須經過長期治療與調養，才能獲得良好的療效。換句話說，若是既不肯積極治療，又總是任性過日子，視養肝的生活禁忌於無物，就會加重病情，讓健康危在旦夕。良好的生活習慣是所有肝病患者最佳的良藥，因此健康的人更應該從當下開始養成良好的生活習慣、養護肝臟，才能降低肝病的發生率。

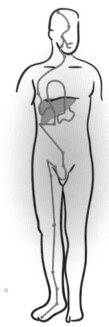

笑 推薦動作

① 財神降臨

動作要領 （見本書第 116 頁）

功　　效

雙腿下蹲，然後彈跳，直接活動腿部肌肉，為全身氣血運行帶來很好的運動效果，有利於人體臟器的健康，能讓肌肉和骨骼更加健康、體態更加健美。

② 君子之爭

動作要領 （見本書第 100 頁）

功　　效

一邊笑，一邊想像著：「哈哈，我從來不生氣的，誰也氣不到我」，能夠帶來積極的心理暗示作用，培養寬容大度、不計較小事、與人和睦相處的良好心態，幫助笑友提高社交能力與改善人際關係。

避免接觸菸酒

　　酒精會傷害肝臟細胞，對肝臟有嚴重的毒害。專家認為，長期酗酒或飲酒過量都會引起酒精性脂肪肝、酒精性肝炎、肝硬化、肝癌及肝纖維化等，對肝臟的傷害極大。因此，肝病患者尤其要注意避免大量飲酒，不然會加重肝臟的損傷、加重病情。而香菸中因為含有大量有害人體的物質，也會損傷肝臟，況且香菸、酒精都會削弱我們的免疫力，對健康尤其不利。

養成定時排便的習慣

　　肝臟是人體進行物質代謝與解毒的場所，藥物與食物在腸道發酵後，產生的毒素都要進入肝臟進行解毒，長期便秘，會使毒素在腸道中停留的時間過長，進而加重肝臟的負擔。同時，毒素在我們體內停留過久，也會對其他臟器產生毒害。

建議方案

1 每天早上起床，空腹喝 1 杯溫開水，可以幫助產生便意。平時也要多補充水分，使腸腔內保持足夠的水分讓大便軟化，利於排便。

2 多吃新鮮蔬果，增加纖維素的攝取，可以加快腸道的蠕動，有效預防便秘。

3 多食會產生氣體的食物，如洋蔥、黃豆與蘿蔔等，也可以刺激腸道的蠕動，在一定程度上促進排便。

4 辣椒、濃茶等刺激性的食物不利大便排出，排便不暢者不宜食用。

啤酒喝過頭也會「傷身」

　　清涼的啤酒是許多人的最愛，三五知己把酒言歡，可謂人生一大樂事。事實上，啤酒有解渴和利尿的作用，可以調節人體內的酸鹼平衡，也含有鈣、鎂、鋅、矽等元素，適當飲用有利於人體健康。但如果以為啤酒酒精濃度低，喝多了沒關係，那可就大錯特錯，過量飲用啤酒也會對身體造成損害。

1. 啤酒的酒精含量大約在 3.5～4.5％之間，雖然濃度不高，但是飲用過量，還是會對腦細胞產生抑制作用。肝病患者更應該注意嚴禁攝取任何含有酒精成分的食品或飲品。

2. 長期大量飲用啤酒，會增加血液中的鉛濃度，非常不利健康。若非喝啤酒不可，千萬注意不要飲用超過 1500cc。

3. 經常飲用啤酒可能會誘發慢性胃炎，還可能加重胃炎的症狀。

4. 長期飲用啤酒會造成體內脂肪堆積，形成大腹便便的「啤酒肚」，也會影響心臟功能。

充分休息

　　充分的休息對於保護肝臟非常重要。有實驗證明，人在直立時，肝臟的血流量比平躺時減少 40％；當人體活動時，會產生較多的代謝產物送到肝臟去進行解毒，加重了肝臟的負擔。中醫認為肝臟有「藏血」的功能，當人平躺時，肝臟的血流量增多，肝臟細胞可以得到充分的營養素與氧氣，幫助肝功能恢復。

中午吃完飯後，最好可以臥床休息 1 小時，一則減輕肝臟的負擔，再則可以積蓄更充沛的精力應付下午繁忙的工作。對於肝病患者來說，充足的休息非常重要，日常生活應注意不要過於勞累或做劇烈運動，康復期間則要遵循醫生囑咐，妥善安排起居、飲食。

勞累時，讓自己休息 5 分鐘

　　過度勞累與睡眠不足會降低我們的免疫力，容易被各種疾病侵襲，許多專家都指出，過勞是導致肝病發生的重要原因之一。所以，平時應注意勞逸結合，養成作息規律的生活習慣，不要經常熬夜或三餐不定時。

覺得壓力大的時候，不妨暫時放下手中的工作，好好休息一下、活動一下，即使只有 5 分鐘的時間，也可以幫助你放鬆精神，更能有效地處理繁忙的事務。

如何睡午覺更健康

很多人都有睡午覺的習慣，飯後休息一段時間確實有助於恢復精力。但是，睡午覺也要講究正確的方法，睡錯了，不僅越睡越累，還會損害健康，得不償失。

1. 環境條件允許的話，躺著睡午覺是最理想的。吃完飯就趴著睡午覺，難免導致消化不良等症狀。

2. 有戴隱形眼鏡的人，最好把鏡片拿下來再睡。戴著隱形眼鏡睡午覺，醒來時，眼睛可能會感到酸澀疼痛。

3. 午睡後若還是覺得疲倦，不妨用水洗洗臉、刷刷牙，牙膏的芬芳氣味有助於消除睏倦感。午睡醒來後要喝杯水，既補充睡覺時流失的水分，也可以幫助振奮精神。

常笑養肝

消極的情緒是肝病的誘因之一，長期抑鬱的人比較容易罹患肝病，只要保持樂觀，自然可以提高免疫力，有效防止肝病發生。

常保心情愉悅，可以使肝主疏導與藏血的生理功能正常運行，也有利於肝臟的正常運作。因為肝病需要長期治療，時常感覺煩悶、消沉，而這些不好的情緒對肝病的康復是極為不利的。

建議方案

肝病患者想穩定病情，一定要對治療有信心，保持心情開朗，積極配合治療。患者的親友也應以平常心來對待患者，鼓勵患者在安全無顧慮的前提下多與社會接觸，為他們帶來更多的關愛與溫暖。

第 3 節

笑可以美容活膚

　　追求美好的事物是人性本能，早在原始人的時代，人們就已經懂得利用獸牙、貝殼等物品來裝飾外表，然而在現代社會裡，不僅女性，就連男性也越來越注重外貌，但是繁忙的生活與工作，造成許多人生活節奏紊亂、精神壓力過大，皮膚狀況越來越糟糕，青春痘、皺紋、黑眼圈、膚色暗沉等問題困擾著無數愛美的人士。

　　其實，壞情緒正是造成皮膚問題的元凶之一，你若長期感到煩悶、憂鬱與沮喪，即使每天都在臉上塗抹大量保養品或化妝品，仍然難以掩蓋憔悴的神色。只有從內在流露出來的美，才能夠予人鮮活、健康的美感，才可能讓你顯得明艷動人。

笑是美容劑，為皮膚輸送更多養分

　　愛美是人的天性，女性尤其愛美，每位女性都希望能夠擁有光潔亮白的肌膚。但是現代女性多半肩負繁重的責任，家庭、職場蠟燭兩頭燒，白天在職場上努力拼搏，面對著嚴峻的工作壓力；下班後，還要趕回家中，照顧一家老小，擔任賢妻良母的角色。繁忙的生活讓現代女性身心俱疲，心中長期累積鬱悶、煩躁等負面情緒，這些負面情緒如無法獲得及時而有效的宣洩，不但會影

響工作或生活，連健康都可能遭受摧殘，導致內分泌失調，引發各種皮膚問題，美也就無從談起！

　　根據報導，瑞士權威的美容與心理研究機構 CNS 中心發現，精神壓力會導致內分泌系統紊亂，造成長期性的身心失調，導致皮膚乾燥鬆弛、失去光澤、加速衰老。基於這項發現，瑞士的美容、心理專家特里斯教授推出了一系列非常有效的「精神美容法」，此法分為「壞情緒消除法」與「健康心理培養法」兩種。

壞情緒消除法
包括：
1. 心臨美境法
2. 灑淚排憂法
3. 訴說法
4. 情趣除憂法

健康心理培養法
包括：
1. 工作療法
2. 音樂療法
3. 休閒療法
4. 大笑運動

　　其中，大笑運動的效果最好的方法！因此，特里斯教授建議：無論何時何地，只要條件允許，不妨縱情大笑 1 ～ 2 分鐘，每日笑個 3 ～ 4 次，不用一個月，你就會變得容光煥發。許多愛美的瑞士女性對於特里斯教授的建議深信不矣、也認真地一一照做，果真收效甚佳，膚質獲得極大的改善！

　　心理學家埃克曼（Paul Ekman）也說，人在笑的時候能釋放一種激素，讓人感覺舒心愉快、肌肉自然放鬆、臉部容光煥發、眼睛明亮、表情動人，倍添熱情和魅力，所以才有「笑是美容劑」

的說法。

根據研究，大笑可以減少皮質腺，皮質分泌過於旺盛就是造成臉部痤瘡（**青春痘**）的罪魁禍首之一。我們每笑一次，就相當於為臉部做了一次有效的運動，加速臉部肌肉及皮下的血液循環與新陳代謝，把更多的養份送到皮膚，並運走皮下沉積的不好物質，進而改變皮膚的營養狀態，讓臉部皮膚更Q彈。

越笑越美麗，皺紋 OUT

說到笑，很多女性都擔心笑多了，臉上的皺紋會增加。其實，這種觀念是錯誤的，毫無科學根據。在了解皺紋的產生之前，先來認識一下皮膚的構造。皮膚從是——表皮層、真皮層、皮下組織組成的，青春永駐的關鍵在於真皮層，構成真皮層的主要成分是屬於膠原纖維的膠原蛋白與彈性纖維，能維持細胞間的彈性、增加皮膚彈力、保持肌膚的細膩光澤。

膠原蛋白廣泛分布於連結肌肉的肌腱、連結關節的軟骨組織與結締組織中以及皮膚的真皮層中，也就是說，人體每個細胞的連結都需要膠原蛋白。膠原蛋白依據不同的功能性，而有構成人體支架、保證人體活動、讓皮膚與肌肉保持彈性的作用。

隨著年齡的增長，膠原蛋白流失的速度會加快，皮膚、骨骼的彈性與韌性也會明顯變差，只有長期不斷地攝取、補充膠原蛋白，才能促進人體內膠原蛋白的形成與新陳代謝，進而促進細胞的新陳代謝。膠原蛋白對於維持人體正常的生理功能、保持活力、

延緩衰老具有重要意義。根據專家發現，不同種類的膠原蛋白分布在各器官和內臟，並且具有不同的作用。衰老引起的各種症狀即是膠原蛋白新陳代謝衰退的表現，所以激發膠原蛋白的新陳代謝對於抗衰老是非常重要的。

人之所以會出現皺紋，主要是因為皮膚裡的膠原蛋白減少了。膠原蛋白對皮膚的主要作用是保持水分、鎖住水分與轉化水分。皮膚的膠原蛋白減少了，水分也跟著減少，皮膚的功能自然就降低了。

各位女性朋友們不必擔心笑會讓妳生出皺紋，相反地，笑是強大而積極的心理暗示，常笑反而可以幫助身心和諧、增強身體機能，讓妳從內而外透出健康的光彩，只要多補充富含膠原蛋白的動物性蛋白質，常吃諸如豬腳、魚肉、瘦肉等，就可以攝取更多的膠原蛋白，預防皺紋，保持肌膚細緻光滑。

富含膠原蛋白的動物性蛋白質

豬腳

魚肉

瘦肉

大笑運動是最好的美容妙方

1. 保持樂觀、愉快的心情

相信大部分的人都同意，鬱鬱寡歡是美容大忌。中醫認為，煩悶、憂鬱等不好的情緒如果沒有及時宣洩掉，則會損傷內臟、影響人體內氣的運行，導致氣血生化不足，造成精血虧損、陰陽失調，皮膚變得黯無光澤、憔悴不堪。此時，只要調節好情緒，保持樂觀積極的心態，生活張弛有度，那就不難讓肌膚從內在美出來。

2. 每天大笑 1～2 分鐘

有專家認為，每次大笑 1～2 分鐘，每天笑個 3～4 次，可有效改善膚質、容光煥發。如此簡單易行、費用低廉的方法，何樂而不為呢？

笑與「健康提案」結合，助力加倍

人們常說：「沒有醜女人，只有懶女人」，只要勤於保養，任何人都有機會成為健康美人。只要有良好的生活習慣，自然就會容光煥發，不會出現太多的肌膚問題。反之，如果生活狀況一塌糊塗，皮膚自然也就好不到哪裡。馬上動起來吧，千萬不要對生活中隨時可能危害肌膚的因素掉以輕心。

① 津津有味

動作要領 （見本書第 106 頁）

功 效

雙手用力搧動可帶動腹部肌肉的震動，強化腹肌，幫助雕塑美好的體態，增強腸胃的消化功能，對於有便秘問題的年長者或上班族尤其適用。

② 八仙醉酒

動作要領 （見本書第 119 頁）

功 效

這個動作可以鬆弛神經、活動臉部肌肉、加速臉部血液循環的速度、讓你保持青春活力。

③ 撒嬌天使

動作要領 （見本書第 158 頁）

功 效

與笑友們一起做這個動作，彷彿回到了青春年少的歲月，幫助你回復年輕的心態，保持青春活力，自然可以青春常駐。

保證充足睡眠，每天 11 點之前睡覺

充足的睡眠是美麗的基石，質量良好的睡眠就是「美容覺」，有助於保持肌膚水嫩、有效擊退黑眼圈，預防色斑、皺紋。相反地，長期睡眠不足，就會有膚色暗淡、粗糙，毛孔粗大，眼袋浮腫，皺紋滿面等問題。充足而品質良好的睡眠的確是最棒的美容法寶之一。

美國的衛生部研究報告指出，在美國睡眠障礙患者中，90%源於不良情緒。腦力疲勞、心理疲勞、體力疲勞是形成睡眠障礙的內在環境，而氣是根源。大笑運動是一種非常積極的放鬆方法，特別針對失眠、憂鬱症、焦慮症、疼痛類等疾病是一種有效的改善方法，「大笑療癒」的作用更是藥物不可完全替代的。

> ●建議方案●
>
> 不要以為只是熬個一晚，隔天睡上一整天就可以把眠補回來，這是錯誤的想法。若要睡出美麗的膚質，最好在每晚 11 點之前就上床睡覺。如果睡不著，喝上一杯熱牛奶可以幫助睡眠。

均衡飲食，多吃新鮮蔬果

新鮮蔬果富含多種對肌膚有益的維生素及礦物質，可以幫助肌膚健康美麗。在攝取新鮮蔬果的同時，也要注意均衡飲食，唯有同時攝取足夠而全方位的營養素，才能保障肌膚健康，因此，除了新鮮蔬果之外，肉、蛋、堅果等都是對肌膚很有幫助的食物。

哪些蔬果會讓妳更美麗？

　　愛美而聰明的女人都知道新鮮蔬果是最佳美容師，不但可以為身體補充營養，還含有多種美容活膚的物質，可謂是一舉兩得。對於既想收穫健康又想獲得美麗的妳，以下這幾種水果一定適合妳。

1. 木瓜：美味的木瓜具有多種美容效果，不僅可以幫助消化、排出毒素、亮白肌膚，還可以促進皮膚新陳代謝、溶解皮質與去除老化角質，讓肌膚更潤澤、減少皺紋，膚質更加光潔細膩。

2. 櫻桃：櫻桃是公認的美容聖果，因為它含有可以美化肌膚的維生素A與B2。值得注意的是，櫻桃含有大量的維生素C，可以有效擊退黑色素、防止色斑形成，使皮膚更滋潤嫩白。

3. 奇異果：說到可以美容的食物，就不能不提奇異果，因為它是公認的「維生素C之王」。平均500克奇異果的維生素C含量高達95.7毫克，比蘋果高出近93.5毫克，可以說是美白肌膚、延緩衰老的最佳武器之一。此外，奇異果還擁有豐富的果酸，可以有效淡化色斑。

4. 檸檬：檸檬含有豐富的維生素C，以美白肌膚著稱，具有美白、抗老、軟化角質等作用，因為檸檬中的有機酸會刺激肌膚，千萬不要將檸檬汁直接塗抹在臉上。此外，如果使用含檸檬成分的面膜或護膚產品，一定要做好防曬的工作，不然陽光一照就會曬出斑，最理想的做法是晚上才做美容護理。日常生活中，切一小片檸檬浸泡涼開水喝，有美容與減肥的雙重作用。

保持心情愉快，笑口常開

笑是很棒的臉部運動，可以促進臉部血液循環，幫助皮膚吸收足夠的養分；同時，也有緩解壓力的作用，有助於避免壓力對肌膚產生傷害。

注意防曬

適當地曬曬太陽有益健康，但陽光也是肌膚問題的殺手之一，色斑、皺紋等皮膚問題的產生都與陽光有關。

如果想同時擁有健康與美麗，請盡量選擇早晨或傍晚陽光較弱時適當地曬一下太陽，上午 10 點至下午 2 點之間盡量不要曝曬在陽光底下；如需要在陽光正強烈時外出，就要做足防曬措施，塗上防曬油、戴上遮陽帽或撐遮陽傘。

建議方案

曬太陽應選擇陽光柔和、不強烈的時段，例如上午 10 點之前或下午 3 點之後。

其餘時間外出，則要做好防護措施，例如戴寬沿的帽子、撐可防紫外線的傘及塗抹防曬霜等等，防曬霜要每隔 2 個小時補塗一次，因為防曬霜一般的有效時限只有 2 個小時。

如何防曬更適合？

　　風和日麗的天氣固然賞心悅目，但是陽光中的紫外線卻會使皮膚變得粗糙、又生皺紋，是造成肌膚問題的主要因素之一。紫外線可以透入皮膚內部，損害表皮及微血管、減少皮膚結締組織的彈性。不注意防曬，不僅會使皮膚提早老化、出現皺紋，還可能引發皮膚癌，所以，要擁有美麗而健康的肌膚，掌握正確的防曬技巧是非常重要。

1. 需要長時間待在室內的人可以選擇防曬係數為 SPF15 ～ 20 的防曬霜；若需要長時間待在戶外，SPF25 ～ 30 的防曬霜就有保護肌膚的作用。若要進行水上活動，還得選擇具有防水性的防曬霜。

2. 防曬不是光把防曬霜抹上臉就可以的，首先必須提早在外出前 30 分鐘使用，其次，每隔 2 ～ 3 個小時就要補塗一次，防曬效果才能持續。

3. 由於紫外線可以穿透雲層，所以即使是陰天，也要充分防曬。值得注意的是，餐廳裡的螢光燈也會放射出紫外線，千萬不能因為都待在室內，就忽略了防曬。

4. 塗抹防曬乳時要適量，過多的防曬乳反而會對皮膚造成負擔，一般來說，只要擠出 3 公分左右的膏體就足夠了。

5. 使用高係數防曬乳之前，一定要先做好臉部的清潔工作，否則就很容易造成毛孔堵塞。

經常參加運動

運動可以加快人體的血液循環，把更多養分輸送到臉部，當臉部的肌膚吸收了足夠的養分，活力自然也會增加。常運動的人通常臉色紅潤、體態健美、動作敏捷，渾身散發著健康的美感，所以愛美的人士，應該讓自己從內美出來，拒絕做一名病美人。

每週運動3次，步行、慢跑、游泳、跳繩、騎自行車等有氧運動，對塑造體態與維持健康都很有好處，建議可以將之納入日常的運動計劃中。而舉重、提重物、短跑等運動屬於無氧運動，還會讓乳酸在肌肉裡堆積，引起肌肉痠痛等不適症狀，並不宜常常進行。

多喝新鮮的開水

喝水可以維持我們體內水分平衡、補充流失的水分，想要肌膚水嫩，最好的辦法就是喝水。補充充足的水分，同時也可以預防便秘及幫助排便，更快、更好地將體內的毒素排出來，避免體內毒素太多，而生成色斑、皺紋、青春痘等問題。

喝水時，要注意幾個問題：一、不要口渴時才喝，應該多次少量地喝、隨時喝；二、少喝冰水或汽水，因為冰水與汽水都會對腸胃造成刺激，不利於營養的吸收；最後，為了避免眼部浮腫，睡前也不要大量喝水。

第 4 節

笑能減肥瘦身

　　肥胖令人看起來臃腫難看、美麗大打折扣。其實，肥胖也是一種病症。現代醫學已經證實，高血壓、心臟病、中風、高血脂、糖尿病等病症都與肥胖有一定的關係，由於遺傳、不良的生活習慣、錯誤的飲食習慣與精神壓力過大等原因，肥胖已成為一種常見的病症。

　　由於肥胖對外貌與健康都有影響，越來越多的人用盡各種方法減肥。提醒大家，盲目採取不恰當的方式減肥，反而會對身體產生不良的影響，得不償失。要想健康而有效地減肥，笑也是一個很好的辦法。

笑能激發人體能量

　　笑能活躍存在人體內的 1000 億個自律神經細胞、五臟六腑、12 條經絡刺激到神闕、關元、氣海等穴道活躍精氣神與 60％的靜脈血液。

　　在生理方面，笑讓人體釋放了腦內啡，放鬆肌肉、提高抗壓性、降低煩躁情緒、增強免疫系統、活化免疫細胞、舒緩高血壓和心臟病、減緩憂慮焦躁和其他精神官能症。在精神層面上則可

協助我們放鬆心情、促進更和諧的人際關
係、增強自信、培養幽默感，以及激
發創意、慷慨、樂於助人的性格，與
培養領導能力。

笑可說是最佳的有氧健身術，也
是天然的鎮痛劑，只要笑就可以幫助我
們進行體內按摩。

☺ 笑是一種有氧運動

開懷大笑一向被視為強身健體的良方妙藥，而最近科學家又
發現，大笑是保持身材苗條的最佳方法之一。

德國的研究人員表示，大笑時，身體會有多組肌肉活動——
肩膀聳動、胸腔搖擺、橫膈膜震盪盪，增加血液的含氧量，相當
於做了一次有氧運動。眾所周知，**有氧運動是減肥瘦身的最佳方
式之一。**

當我們大笑時，全身的肌肉都在運動，並吸入大量氧氣。根
據史丹佛大學的 Dr. William Fry 研究顯示：**大笑一分鐘等於慢跑
10 分鐘的效果**，而且這種運動並不需要穿著新潮的運動服、運動
鞋，汗流浹背地在跑步機上慢跑，可是非常適合久坐辦公室的上
班族。

許多上班族，為了減肥不惜花費大量金錢購買各式各樣的減
肥藥，拚命節食不吃飯，只以蔬菜、水果果腹，其實，這些都是

錯誤的減肥方法，往往這麼做，不但瘦不下來，健康還受到嚴重的損害。

我認為要瘦得健康，除了養成良好的生活與飲食習慣外，運動也是很好的減肥方式，而「笑」正是眾多運動中最簡單、最便宜，也最愉快的一種。不需要很多技巧，只需要打從心底快樂而舒暢地笑起來就可以了。

笑可以消耗熱量

美國田納西州范德比爾特大學的學者實驗發現：開懷的笑可以消耗熱量，達到減肥的目的。善意的笑是一種不可忽視的「卡路里燃燒器」。發自內心的笑聲雖然比不上到健身房健身，或者拒絕冰淇淋誘惑那樣地有效，**但是每天10～15分鐘的爽朗大笑，最高可消耗掉50卡的能量**，相當於一塊巧克力的熱量，一年下來就可以輕鬆減掉2公斤重。研究還發現，男人比女人笑得更多，消耗的熱量也更多。

學者針對受測者的熱量率、笑聲與呼吸的情況分別記錄，逐秒進行詳細的分析判斷。研究人員聲稱，人笑的時候，可以燃燒掉20%卡路里的熱量，不笑的人則沒有任何消耗。

笑的時候，腹部肌群會起伏，就是一種極好的腹肌運動。**大笑時，腹肌會劇烈收縮、震盪，不僅可改善心肌供血，對胃、腸、肝、脾、胰等臟器是極好的按摩作用**，可以鍛鍊肌肉，有效去除腰部與腹部的贅肉，幫助你輕鬆擁有健美的小腹與苗條的纖腰。

大笑運動助你減肥

1. 時常微笑，保持心情舒暢

好情緒可以使體內各系統的生理功能保持正常運作、預防肥胖；如果整日沉默寡言、情緒壓抑，則會使生理機能發生紊亂、代謝減慢，容易造成脂肪的堆積。常常做大笑運動，讓心情愉快的同時，也可以透過運動來加強身體素質、消耗更多熱量，讓身體更健康。

2. 每天用 10 ～ 15 分鐘來爽朗大笑

綜合以上所述，大笑不但可以幫助我們消耗熱量、燃燒脂肪，還可以收緊肌肉、塑造體態，何樂而不為？

笑與「健康提案」結合，助力加倍

除了遺傳外，很少有人會從出生就一路肥胖到老死，大多數肥胖的人都是後天養成了不良的生活、飲食習慣，如大量進食甜食、嗜酒、吃宵夜等，才會在不知不覺中變得越來越胖。因此，培養良好的生活習慣，對於瘦身大有裨益。

吃合適的零食，不用擔心會發胖

很多人都喜歡在家裡或辦公室裡準備一些零食，當肚子餓、精神不振或休息時便拿出來開懷大嚼。其實，吃零食的習慣會使

① 舌燦蓮花

動作要領（見本書第 114 頁）

功　　效

舌頭攪動時所分泌的唾液，先不要咽下，可鼓漱 30 次後，再分數小口慢慢咽下，藉以慢慢導入丹田。此動作，可讓左腦休息、訓練右腦，幫助左右腦平衡。

第4節 笑能減肥瘦身

② 射雕英雄

動作要領（見本書第 125 頁）

功　　效

拉弓的動作具有延展腋下淋巴與乳腺、張開肺部及打開五臟六腑與心門。此動作具有加快血液循環、加強心肺功能，還能提高抵抗力，幫助大腦鬆弛、振作精神。

③ 喜極而泣

動作要領（見本書第 133 頁）

功　　效

彎腰、下蹲左右搖晃的動作可以運動腿部的肌肉，除了能夠刺激分布於腿部的經絡和穴道之外，還可以鍛鍊肌肉，並保持關節的靈活度。

你在不知不覺中累積脂肪，因為大多數的零食，如洋芋片、糖果、蛋糕等的熱量與糖分都很高，吃多了對健康實在很不好。當然，也不是說完全不能吃，肚子餓得時候吃一點是無妨的，反而有助於恢復精力。在此，只是建議拋棄那些不健康的零食，盡量選擇對健康有益的食物。

建議方案

1. 天然蔬果：芭樂、葡萄柚、蓮霧、番茄都是熱量很低的水果，多吃既能減肥又有益健康。建議可以自製蔬果沙拉做解饞的食物，既美味健康又可以填飽肚子，但切記不要使用含油量高的調味料。

2. 礦泉水＆無糖飲料：補充水分最好的選擇是白開水，許多飲料，例如調味乳與咖啡牛奶都含有很高的糖分與熱量。若下定決心要減肥，就必須讓自己遠離這些足以破壞減肥大計的飲料，不要因為漂亮的外包裝或特殊的口味而忍不住含糖飲料的誘惑。

3. 優酪乳與牛奶：營養既豐富，又有益於健康。午睡醒來喝杯優酪乳，可以供給足夠的能量繼續奮鬥，即使沒喝茶者咖啡，也一樣可以精力充沛。

4. 無糖口香糖：肚子不餓，就是嘴饞而已，無糖口香糖是很好的解饞選擇，既可以滿足嘴巴想要咀嚼的欲望，也不會讓攝取過多的熱量，還可以保持口氣清晰、增添自信。

晚餐時，讓你的腸胃休息一下

　　辛苦工作一天之後，許多人都會以一頓豐富的美食來犒賞自己，更有人是「化悲憤為食量」，以暴飲暴食作為減壓的手段。其實，無論是營養學者或醫生都一再呼籲，暴飲暴食對健康百害而無一利。尤其晚餐時段暴飲暴食，更容易造成脂肪堆積，引發肥胖。如果真的想要變瘦，晚餐千萬不要暴飲暴食，睡前也盡量不要吃宵夜。

1. 早、午餐吃好、吃飽，注意營養的攝取：早、午兩餐吃不好，不但會影響整天的工作狀況，還會因為早早就飢腸轆轆，反而在晚餐時不知不覺就攝取更多熱量。

2. 晚餐只吃七分飽：晚上因為缺乏活動，最容易造成脂肪堆積，如果吃得太飽或者攝取過多的熱量，就會增加體內的脂肪。所以晚餐時，要多吃蔬菜與水果、飲食清淡，並注意營養攝取是否均衡，才能更有效地減肥喔！

3. 加班後只攝取容易消化的食物：晚上加班後又累又餓，並不適合吃高熱量的食物，可吃湯麵、優酪乳等食物，容易消化又可以補充能量，是最佳的選擇之一。

如何才能避免外食造成的肥胖？

我們常常因為懶得做飯或需要應酬而增加外食的次數，但這也意味著大大的增加攝取到高脂肪、高熱量食物的機會。

餐廳裡色香味俱全的誘人美食往往含有很高的熱量，會將你的減肥大計毀於一旦。

建議方案

1. 盡量減少外食的次數：外食存在很多健康隱患，如環境是否衛生、菜餚是否新鮮，都與身體健康密切相關。

如果可以減少外食的次數，自己烹調低熱量又衛生的食物，對健康是很有益處的。

2. 選擇健康的菜色：如果避免不了外食，那麼就選擇一間衛生、有信譽的餐廳吧！

菜色盡量選擇水煮的青菜、沙拉、豆腐、毛豆或生魚片等低熱量的食物，不要因貪吃美食而選擇速食或西餐，這兩種飲食熱量都比較高。選對菜色可以讓我們在享受美食的同時避免肥胖。

喝水會令人發胖嗎？

很多人認為自己「喝水就會胖」，其實水是沒有熱量的，即使喝得再多，也不會胖。事實上，許多專家建議要減肥的愛美一族每天都要補充足夠的水分，因為減肥時，進食減少，很可能就會發生便秘，導致我們體內的毒素無法及時排出體外，而引起腹

脹、痔瘡、皮膚粗糙等問題，長期便秘甚至會引發癌症。補充水分有助於排便、排出體內毒素，還可以把肥妹妹變成水噹噹的瘦美人，輕鬆減肥！

建議方案

1. **每日早上起床後喝 1 杯溫開水**：可幫助補充一夜睡眠後所流失的水分，更可加速腸胃蠕動，更快地排出堆積在體內的各種毒素。

2. **平常多喝水**：很多人都要到感覺口渴時才想到要喝水，這是對健康很不利的習慣。想到要喝水，就表示身體已經出現缺水了，最理想的狀態是在還覺得口渴時也喝水，才能讓身體的水分始終維持平衡，減肥的同時也能維持健康。

千萬不要這樣吃晚餐

1. 內容過於豐盛，吃得過飽。

2. 滿桌油炸、煎炸等高熱量、高脂肪的食物。

3. 睡前還拿蛋糕、油炸的食品當宵夜吃。

運動可以讓你更健康地減肥

現代人很忙碌，以致到了假日，寧願窩在家裡看電視、睡覺，也不願意去活動、活動身體。但是專家建議，如果想減肥，就得運動。運動不見得一定要購買專業的裝備或到健身房裡練得渾身大汗，一些小活動也可以收到鍛鍊的效果，但前提是要讓自己從沙發或床上起來。

建議方案

1. **假日不要窩在家裡，請出門活動筋骨**：不要讓自己在床上或電視機前浪費時間，把家裡打掃乾淨、與朋友去逛街、到圖書館或書店翻翻書，甚至去上繪畫、陶藝等才藝課程都可以讓心情愉悅，也可減少囤積脂肪的機會。

2. **常做運動，每週進行 3 次、每次 30 分鐘的有氧運動**：游泳、跑步、跳繩等都是老少咸宜的有氧運動，這些運動不僅可以鍛鍊肌肉、提升體能，也可以幫助燃燒脂肪，是減肥瘦身的的良方。

3. **抓住每一個可以讓身體活動的機會**：上下班時多走一站再搭車、上樓時走樓梯取代搭電梯、沒事就做做家務等，這些事情看起來微不足道，其實具有很大的作用，若可以每天堅持執行，很快就會看見成果了。

多笑可長壽

　　每個人都想要長命百歲，從二千多年前開始，秦始皇就鍥而不捨地追求能夠長生不老的方法，即使到了現代，還有很多科學家致力於研究影響人類壽命的因素，希望找出讓人類更長壽的途徑。

　　但是至今為止，衰老仍是無法規避的自然定律，更是人類必經的生命過程。無論是多麼健康的人，隨著年齡增長，臟器的功能必然慢慢下降低，身體抵抗力也慢慢的減弱，直至死亡為止。可幸的是，雖然衰老不可避免，但還是可以透過後天的良好調養，達到延緩衰老的目的。總是笑口常開的人鐵定比成天憂愁的人年輕。

看看科學如何解釋笑與長壽的關係

　　世界健康組織認為，每個人的健康與壽命 15％取決於遺傳因素、10％取決於社會因素、8％取決於醫療條件、7％取決於氣候（如酷暑或嚴寒），而有60％取決於健康情緒。健康長壽取決於自己，生命掌握在自己手中。

　　心理學家發現，自然的、發自內心的笑，是有益於健康的。

中國的中醫有所謂「形神合一」的理論，認為情緒對健康影響非常大。中醫將各種情緒反應與各個臟器加以聯繫，說明了健康而良好的情緒可以增強內臟器官的功能，反之，長期的消極情緒或強烈的情緒波動，則會嚴重損害各臟腑的功能，大大不利於健康。

現代醫學也證明，發自內心的、快樂的笑，能刺激內分泌腺體分泌激素。笑促使大腦分泌「腦內啡」，是大腦中專門負責傳遞讓人產生快感與止痛訊息的激素。根據研究，嗎啡的止痛效果就是因為嗎啡裡含有與腦內啡相同的激素，但是腦內啡卻不會產生副作用。因此，**笑與增強大腦功能有著密切相關，能使腦下垂體釋放令人愉快的物質**，以減輕壓力、振奮精神，並調節神經系統功能，使大腦更好地控制內臟器官的運行。

一項血液研究也證明，人的免疫系統在觀賞喜劇片後相當活躍，免疫能力增強了。在這項研究裡，工作人員在觀賞喜劇片前後分別測試受驗者的血液，結果發現受驗者血液中抗體的含量與白血球的含量在觀賞喜劇片後都較原本明顯增多，而抗體與白血球是殺死侵入人體的有害細胞之最有力的武器。此外，還有其他研究發現，**我們笑的時候，細胞活動就會增加、血流加速、細胞吞噬功能增強、干擾素分泌增加，從而增強了身體的免疫力，讓我們更能抵禦致病病菌的入侵。**

換句話說，當我們笑的時候，人體各器官功能都會增強。例如，笑會引發腹部肌肉的運動，除了能夠幫助人體吸入更多空氣，鍛鍊呼吸系統外；還會按摩、運動位於腹部的臟器，促進腸胃蠕

動，加快營養吸收與排出有害物質，有利於增強胃腸道功能，甚至還可以收縮腹部肌肉，讓體態更漂亮。

此外，笑還能促進臉部血液循環，具有美容養顏的作用，不需要依賴藥物或任何微整形技術就能變得更年輕。俗話說：「笑一笑，十年少」，也就是快樂的人不顯老。總之，內心快樂的人吃也香甜、睡也安然。**發自內心的歡笑對祛病、抗衰老具有連藥物都達不到的抗老作用。**

笑讓大腦記憶力增強

笑除了增加記憶外，也有持續記憶的力量。笑能夠使呼吸形成大聲的規律，藉此使脈搏跳動規律正常，新鮮的血液流到腦，大笑以後，大腦增加 39% 的血流量。

聆聽壽星們的長壽秘訣

長壽老人的養生經驗告訴我們，心胸豁達、情緒樂觀是延緩心理衰老、健康長壽的重要秘訣之一。來看一下以下幾個例子：

南宋詩人陸游即使80歲高齡時，依然耳聰目明、身體健壯。他在《戲遣老懷》詩中寫道：「老人常和小孫子在一起玩耍，對養生長壽甚有好處。」

張學良將軍健康長壽，活到101歲高齡，靠的是身處逆境不氣餒、不悲觀而能自得其樂的性格。張將軍平時有三種愛好：唱京劇、打麻將、說笑話、早起大笑半小時。他和朋友聚會時，大家常常被他的笑話逗得捧腹大笑、樂不可支。

還有一位1823年出生的伊朗老壽星，當記者訪問他長壽之道時，他已156歲了。這位名叫阿巴期・哈薩的老人只回答了一句話：「我有快樂、高興的性格。」

「笑一笑，少一少，愁一愁，白了頭」，這是流傳已久的一句諺語，形容情緒與健康長壽的關係非常生動而精闢。觀察身邊的人事物，常會發現性格樂觀開朗的人通常比性格內向、沉默寡言的人要健康得多。許多老壽星都具有積極樂觀的生活態度，不但熱愛生活，而且心胸開闊，待人接物寬容而豁達。

人的精神與肉體合而不分，一個人情緒的好壞直接影響到他的生活與健康。從醫學上看，笑是心理與生理健康的直接反應，是精神愉快的表現。笑能消除神經及精神上的緊張，能夠減輕壓

力，讓大腦皮質獲得休息、放鬆肌肉。若能在一天的緊張勞動之後或趁休息時間，說說笑話，大腦皮質就會出現愉快的興奮點，

大笑的禁忌

中醫認為，狂喜會導致心氣渙散運行不暢，會導致心悸、心痛、失眠與健忘等症，有損健康。名醫孫思邈在調節情緒方面就總結了「十二個少」，分別是「少思、少念、少欲、少事、少語、少笑、少愁、少樂、少喜、少怒、少好、少惡」，說明了強烈的情緒波動是不健康的，會對健康造成不好的影響，所以中老年人在笑的時候，一定要記住以下的禁忌：

1. 高血壓及動脈硬化患者不要縱聲大笑或狂笑，因為大笑時，交感神經容易高度興奮，會引起血管收縮、血壓升高、心跳加快，可能引發腦溢血與心肌梗塞。

2. 腦部栓塞、腦溢血等腦血管病人在急性發作期與恢復期不可大笑。因為強烈的大笑會引起疾病復發，使病情惡化，甚至導致死亡。

3. 心肌梗塞病人在發作期或恢復期，而裝有心臟支架者，都應注意不要大笑，因為過度大笑容易導致心力衰竭，甚至心胸破裂，或者引起支架脫落，危及生命。

4. 剛動過胸腔、腹腔、心臟、血管等外科手術不久的病人不宜放聲大笑。因為大笑時會牽動肌肉，加重疼痛，影響傷口癒合，甚至可能造成傷口迸裂。

5. 飽食後不宜大笑，以免誘發闌尾炎、胃部擴張及腸扭轉。

有利於消除疲勞、增進健康。

對老人家來說，有正常的社交生活、愉快樂觀的心情，每天笑口常開，可以幫助他／她克服衰老帶來的煩悶、急躁、情緒低落等心理問題。建議老人家們參加大笑運動，與笑友們一起開懷大笑，讓自己心情愉快外，還可以加強人與人之間的溝通與交流，一定會更加容光煥發、年輕有活力。

大笑運動助你長壽

1. 常常笑口常開

無論是醫學專家還是長壽的老者，都告訴我們一個道理，那就是常笑可以讓人更加長壽。許多中老年人的衰老不僅表現在身體上，還表現在心理上。身體的衰老、社交活動減少、子女不在身邊的孤寂，都會讓老人家產生消極情緒，從而引發心理與生理的各種問題。要克服這樣的陰影，就需要透過笑聲來驅散不愉快的感受。透過笑，我們可以重新培養樂觀的生活態度，更好地、更愉快地度過晚年生活。

2. 常做大笑運動

如果你習慣了嚴肅過生活，一時間想不起來該如何笑，那麼，跟著我們做做大笑運動吧！可以在大笑同時，助你更快放鬆自己，培養出樂天愛笑的性格，以更積極的面貌迎接晚年生活到來。

① 鬼臉天使

動作要領 （見本書第 97 頁）

功　　效

1. 開懷大笑，並搭配有趣而輕快的動作，彷彿回到了天真無邪的童年，忘了年齡、身份和地位，忘了成人世界裡的種種煩人瑣事，讓平時繃得緊緊的神經放鬆開來。與笑友們一起大笑，將有一股友善的、遊戲般的快樂感受。

2. 張開口、放聲大笑，讓呼吸重新獲得調節，讓更多的氧氣進入肺部深處進行氣體交換，人體吸入更充足的氧氣，並加快二氧化碳的排除。大笑有益於呼吸系統、消化系統、心血管系統的健康，尤其這種呼吸鍛鍊的運動量不大，非常適合中老年人與上班族。

② 悟空搓耳

動作要領 （見本書第 144 頁）

功　　效

用手搓雙耳對於提升健康是十分有效的運動，因為耳朵有許多穴道和多條經絡，常做這個動作有延年益壽、改善耳部循環、缺氧的作用。耳為腎之竅，用手搓雙耳能強化腎功能，改善頻尿等症狀。

笑 推薦動作

③ 步步高升

動作要領（見本書第 109 頁）

功　效

手指指尖牽引著我們的顱壓，做這個動作可以有節奏地活動十指，有效刺激手指穴道，加強血液循環，還可以幫助降低顱壓。對於經常用腦的族群來說，這個動作還可以刺激大腦神經，使人更加聰明，讓腦部維持充沛活力。

④ 沉默是金

動作要領（見本書第 112 頁）

功　效

不出聲的大笑能帶動臉部肌肉，加速臉部的血液循環，改善臉部的皮膚問題，隱藏版的大笑可以釋放壓力，尤其適合整天在電腦前的上班族、有氣無力的教師、找不到笑梗的學生、高消耗腦力的企業人士及科技人員等族群。

 笑與「健康提案」結合，助力加倍

　　一個人能否長壽，除了遺傳的影響外，最重要的還是取決於他的生活習慣是否健康。如果的生活習慣良好，那麼恭喜你，良好的生活習慣會為你帶來強壯的身體、健康的內臟器官與強大的免疫力等。如果你想要健康長壽，從現在起，馬上革除生活中不健康的習慣吧！

起居有常，保證充足睡眠

　　無論是古代或現代醫學，都認為老年人的飲食、作息必須規律有度。《素問》中提到：「**起居無節，故半百而衰也。**」現代的醫學也認為，按時作息對身體大有好處，按時用餐可以調節腸胃功能，利於消化吸收；按時睡眠，可以恢復疲勞，有利於健康長壽。許多醫學專家也認為，老年人不適合熬夜，因為隨著年歲逐增，人體的調節能力逐漸減弱，一旦錯過習慣的睡眠時間，往往難以入睡，第二天精神自然疲憊，對身體極為不利。

・建　議　方　案・

老年人千萬不要熬夜，只要有睡意就應該上床睡覺，以免錯過了睡眠時間之後便睡不著。

要做適合的運動

人們常說：「生命在於運動」，持之以恆的運動可以保持身體健康，但並不是每種運動都適合老年人從事。隨著年齡的增加，許多老年人的骨骼、肌肉都變得衰老，若做了不合適的運動，反而會造成損傷，甚至危及生命。

適合老年人的運動有以下三種：

建議方案

1. 散步：是一種有益的有氧運動，相對來說危險性也較低。散步可以有效調整新陳代謝、增強各器官組織的生理功能，同時也能防治心血管疾病與肥胖症等，還可以幫助放鬆精神、寧神益智。飯後散步還有助於促進消化。

2. 太極拳：太極拳可以養神益氣、固腎健脾、通經脈、行氣血，對神經系統、呼吸系統、心血管系統與消化系統等有益，非常適合老年人及慢性病患者。但老年人練太極拳須量力而為，練到發熱、微微出汗即可，如果覺得疲勞，千萬不要勉強為之。

3. 按摩耳朵的保健功：耳朵上布滿了許多穴道，與人體的經絡臟腑關係密切。經常按摩與活動耳朵，可以刺激耳朵上的穴道、疏遠經絡、促進氣血運行，有助於防治各種慢性病、減肥、改善聽力與視力等。老年人平時可做一些簡單的按摩動作，例如以雙手手指上下活動、搓揉耳朵至發熱為止。

學會慢動作讓身體更好

常聽說老年人摔下樓梯、上廁所時跌倒的事情，實在讓人非常心疼。一般來說，老年人因運動中樞功能減退，肌肉僵硬、骨質疏鬆、動作不靈活，稍不注意就會發生跌倒、扭傷等意外。因此，老年人應該格外注意安全，無論是運動或日常起居，動作都要和緩輕柔。學會慢動作，就可以避免不必要的損傷。

生活中一些不起眼的小事，往往潛藏著致命的危險，因此老年人及照護者對於生活中的細微之處應該格外留神，尤其要注意以下三點：

1. **清晨起床時**：睡醒時不要馬上起床，先在床上活動一下手腳，再慢慢起身。

2. **起立或坐下時**：日常起立或坐下時，動作要緩慢，最好抓住桌子等比較堅固的物品，再緩緩起身。

3. **上廁所時**：上廁所時不要因尿急而猛然活動，如廁後要起身也應慢慢起來，以免因為低血壓引起頭暈而摔倒。

老年人更應注意飲食

老年人因為消化功能比年輕人弱，吃多或飲食油膩，都會造成消化不良、代謝紊亂、脂肪堆積等問題。一般來說，老年人的飲食與營養攝取特別要注意以下四點：

1. 吃飯應以七、八分飽為宜，尤其是晚餐，不要吃得過飽。

2. 應以素食、瘦肉、魚類、脫脂牛奶為主。

3. 盡量少吃肥肉、動物內臟、蛋黃與高糖、高鹽的食物。

4. 避免攝取過多的脂肪、高膽固醇食物，以免對健康造成損害。

第 6 節

笑可減輕壓力

現代人都要面對各式各樣的壓力，但並不是每種壓力都有害，適當的壓力反而可以推動我們前進，讓我們可以在挫敗中得到成長的經驗，對未來更能堅強面對各種挑戰，但若壓力大到令人難以承受下，或長期遭受壓力壓迫，便可能對健康造成損害。研究發現，憂鬱、肝病、肥胖等的發生都與壓力有關。

事實上，壓力會帶來諸如煩悶、沮喪、感覺低落等不好的情緒，嚴重時甚至會影響到生活與工作，所以當我們覺得壓力過大的時候，應該要學會如何減壓，盡快找出排解壓力的適合方法，以期早點恢復身心平衡。

笑是調節身心的放鬆運動

工作時，為了把事情做好，往往必須集中精神及注意力，但是你知道嗎？精神高度集中的同時，很容易產生緊張的情緒。許多人都曾有這樣的體驗——全神貫注地從事一項工作時，並不會感覺疲勞，但只要工作一完成，精神鬆懈下來，馬上就會感覺到疲倦感。如果你是從事必須長期維持高度集中力的工作，工作之餘又無法有效放鬆，那麼疲倦感便會如影隨形跟著你，甚至嚴重

影響工作效率。

笑剛好為我們解決了這個問題。笑是一種放鬆的運動，它可以使大腦的腦內啡分泌增加、消除身體疲憊、令肌肉放鬆。當我們感覺疲憊時，不妨笑一下、輕鬆一下，放鬆放鬆後，再繼續工作，工作效率一定會更好。

在此，我要提醒上班族們，有一種名為「辦公室壓力症候群」的病症，正在全世界流行，這種病症主要是由長時間的緊張、壓力與缺乏運動所造成的。現代的上班族工作繁忙，下班後又常常無法獲得有效的放鬆或休息，精神經常維持高度緊張的狀態，加之社會競爭日趨激烈，上班族們都承受著或多或少的工作壓力與生活壓力。

心理學博士張磊表示，不良的工作習慣與生活習慣引起的辦公室壓力症候群越來越普遍，她建議上班族要安排適當的休息，在辦公室裡可以做些簡單的放鬆動作來達到自我減壓的效果。

我建議用笑來解決這個問題，因為笑最簡單的放鬆運動，能消除神經與精神的緊張，讓大腦休息、使肌肉放鬆，不僅對心理，對身體狀況也有很好的調節作用。

學會尋找快樂，是人類生存的重要技巧

根據統計，在美國有高達90%的就醫者是心理與精神問題引發了疾病！科學家預言，由心理與精神因素引發的疾病到了2020年會成為人類健康的第一殺手，如果我們依然漠視心理帶來的危

機，將來勢必會為個人與社會帶來莫大的影響與危害。

遺憾的是，心理問題引發了生理上的疾病的問題並未獲得重視，許多人在面對壓力、沮喪等時，還是採取視而不見的態度，或者任由自己沉浸在消極的情緒之中。其實，尋找快樂是人類生存的重要技巧，凡人都想方設法地追求快樂。如何才能獲得快樂的生活，是個非常值得關注的問題，所以我們說，關注快樂便是關注健康。

生活的每一天，我們都在艱難跋涉，但許多人忙於追逐各式各樣的目標，卻忘記了最純粹的核心價值——快樂與健康。人們常常是不生病就不運動，即使生了病還是不運動，渴了喝瓶裝水、餓了吃便當或速食、出門以車代步、累了用菸酒來提神，不斷地幫身體囤積高脂肪、高熱量、壓力與不良情緒。

我們常常記得不尋常的事，卻老是忽略了生活常事，例如我們會注意到某架飛機失事，卻不管每天全世界有四千多架次的飛機安全起降；我們只記得生命中的大事，而這些大事通常是極端正面或負面的，所以當我們回顧一生時，常會誤以為快樂是建築在那些重大的事件上，殊不知微不足道日常小事，才是值得你我重視的。

曾經有一項心理實驗，在這項實驗中，研究人員請受試者觀察自己的心情六週，在這六週裡每個人身上都要隨身攜帶呼叫器，以記錄他們當下的感覺及判斷當下的快樂程度。實驗證明：**快樂是來自多次的感覺良好，而不是短暫而強烈的感覺**。我們經

常遇到的一些很簡單的樂趣，例如晴天時到戶外散步一小時、帶寵物到戶外蹓躂、動手種種花草或做手工藝 DIY，這些小事加起來的快樂遠勝於短暫而強烈感覺。

我們不要把一生都押在大事上，譬如中樂透、變成大企業家或大富翁等。其實，鳥語花香、美食、友誼與有意義的工作都能夠產生快樂的小泡泡，創造許多快樂的小事令人高興。享受當下的快樂是很重要的，它可以作為緩衝，保護我們不受悲傷的衝擊，也會影響我們的健康。

只有先擁有快樂而美好的生活，才有可能擁有健康的生理與心理。換句話說，笑就是健康長壽的綜合維生素。

 **大笑運動助減壓**

1. 學習並保持樂觀、積極、豁達的心態

中醫認為，情緒要收發有度，及時而不太過，才有利於養生。如果事事爭先好強、斤斤計較，久而久之，就會對健康造成嚴重的損害，最為傷身。

2. 常常開口笑

笑不但可以讓人心情愉快，還可以改善身體機能，以對抗壓力帶來的健康問題。

① 心想事成

動作要領 （見本書第 131 頁）

功 效

彎腰時，輕叩自己的心口處（膻中穴），可以幫助自體免疫系統的提升。真心感謝幫助過自己的人，讓歡喜、感恩滋養心靈。

② 皆大歡喜

動作要領 （見本書第 153 頁）

功 效

豎起大拇指的動作可以提升自我的精神層次。讚美是一種美德，讚美別人的同時，自己也會得到快樂，內心會自然而然地散發出與人共享的愉快感，這種愉悅感可以減輕壓力，提升對生活的信心。

③ 大家加油

動作要領 （見本書第 139 頁）

功 效

用力甩手動作可以有效運動到手臂的肌肉，另外，大家相互激勵，可以激發出彼此的熱情和衝動，提升自信，讓我們鼓起勇氣面對生活中的挫折與失敗，為創造美好和諧的明天而努力。

☺ 笑與「健康提案」結合，助力加倍

我們的工作、學習與生活中，無時無刻都充滿著無形的壓力，令我們精神緊張。但是，並不是每個人都能夠很好地處理壓力，有的人可以很快地解除壓力，或將壓力轉化為動力，有些人卻在壓力之前感到無所適從。若不想讓壓力時時刻刻纏繞著不放，最好的辦法是學會消除壓力的方法，唯有學會如何面對壓力，才不會被壓力壓倒。

每天睡足 7 ～ 8 個小時

充足休息的人總比睡眠不足、每天犯睏的人要靈敏得多。如果你經常熬夜或失眠，就應該為自己安排多一點的休息時間了。

睡眠是身體最好的休息方式。如果夜間睡眠時間不足，第二天就不會有精神處理繁重的工作，影響工作效率。如果長期得不到足夠的休息，就如同每天超時工作的機器，總有一天會出現問題。適當的休息可以使頭腦清晰，有助於發掘引發壓力的來源並解決問題，讓我們更輕鬆地排解壓力。

盡量每晚 11 點之前上床睡覺，最好養成良好的睡眠規律，不要拖到三更半夜才上床睡覺。

均衡飲食

無論中醫或西醫，都認為均衡飲食有助於解除壓力。均衡飲食可以讓身體吸收到各種營養素，有助於增強體質、強健體魄，讓我們有更好的能力面對並處理工作、學習及生活上的各種壓力，因此，我們應該注意日常飲食要多樣化，並避免暴飲暴食。

建議方案

每日飲食內容應包括肉類、穀類、蔬菜與水果。

早餐應多吃富含營養的食物，如牛奶、雞蛋等，以獲取足夠的能量應付上午的工作。午餐應吃得比較豐富，包括米飯、蔬菜與含脂量較少的牛肉、雞肉等，可以的話，飯前 30 分鐘先進食水果。晚餐宜清淡，可吃麵條、米粥等容易消化的食物，但要注意不要吃得過飽。

早餐	午餐	晚餐
牛奶、雞蛋。	飯前 30 分鐘先進食水果。 米飯、蔬菜與含脂量較少的牛肉、雞肉。	可吃麵條、米粥等容易消化的食物。

減壓高手──維生素 C

壓力大、容易失眠或整天無精打采的人不妨補充維生素 C，充足的維生素 C 可以對抗精神壓力、消除腦部細胞鬆弛或緊張的狀態，也可以幫助腎上腺激素的合成。

一般來說，新鮮的水果中都含有豐富的維生素 C，如柑橘、葡萄柚、草莓、奇異果等水果，還有菠菜、花椰菜等深綠色蔬菜等天然蔬果，都是維生素 C 最佳的來源。

不過，**食物中的維生素 C 容易在烹煮加熱過程中遭到破壞**，所以烹調時應注意不要煮得過久，以免造成維生素 C 的流失。

運動不中斷，每週 3 次有氧運動活力滿滿

運動有助於舒緩壓力、改善情緒。運動過後，身體會覺得輕盈、放鬆，適當的運動讓人精神愉快、有效宣洩出心中的壞情緒。運動還可以增進身體健康，讓我們有更強健的體魄來抗擊壓力，減輕壓力為身體帶來的損害。

 建議方案

每週做 3 次有氧運動會讓身體更強健，步行、游泳、慢跑等都是簡單而有效的有氧運動。

定期參加社交活動與團體活動

面對壓力時，若有朋友可以傾訴，必然能夠減輕承受的壓力，只要將心中的不好的情緒全部宣洩出去，一定會覺得輕鬆很多。

參加社交活動或團體活動的好處是，或多或少可以從同伴口中獲得建議，有助於發掘壓力來源與解決問題。即使不欲與同伴分享心情，團體性的活動也有助於減輕心中的孤獨感，知道自己並不孤單會使你更有勇氣面對生活。

如果近來感覺到壓力沉重，那麼，趕快聯絡朋友們，一起結伴出遊、聚餐、逛街、聯誼都可幫助你排解壓力。

維持例行性工作，嘗試每天做計劃

突如其來的改變總是令人措手不及，因為還沒有準備好，所以很可能會令人感受到莫大的壓力。如果你近來倍感壓力，那麼就盡量維持例行性工作，避免過多的改變或調整，如此可讓我們獲得最大的安全感，從而減輕焦慮不安的情緒。

如果你的工作非常繁忙、工作量非常大，不妨試著在每天早晨按工作的輕重緩急安排好先後次序，然後按部就班地把工作完成。預做計劃，可讓你有效掌控工作進度，緩解每天面對繁重工作所產生的焦慮感。

笑可維護心血管健康

緊張忙碌的生活節奏與長期形成的不良生活習慣，心血管疾病已經成為現代常見的疾病，高血壓、心絞痛、急性心肌梗塞與充血性心臟衰竭都是老年人常見的病症，時時危害著人體的健康。尤其，高血壓是導致老年人充血性心臟衰竭、冠心病與腎功能衰竭發病率和死亡率升高的主要原因之一。近年來，醫學專家發現高血壓有年輕化的趨勢，許多上班族年紀輕輕就罹患上高血壓，情況令人擔憂。

肥胖、抽菸、壓力、攝取過多的咖啡或茶都會導致血壓升高。若要避免或減輕高血壓，除了培養健康的生活及飲食習慣與定期檢查外，更要保持良好的情緒，才能使心血管維持健康。

透過實驗來看笑對心血管健康的積極作用

美國馬里蘭大學醫學中心的邁克爾‧米勒教授曾在幾年前做過一項關於笑的研究。研究中，他與同事訪問了一些罹患心臟病與動脈阻塞的患者，發現比起那些未患心臟疾病的人來說，這些病人很少笑。**米勒相信這項研究證明了笑可以增進心臟的健康。**

之後，邁克爾‧米勒與他的同事決定對笑進行更為直接的研

究。他們設計了一個實驗，在這項實驗中，研究人員要求 10 名男性與 10 名女性觀賞 15 分鐘的電影。電影中，有的內容令人緊張，如《搶拯救雷恩大兵》一開場的戰爭場面；有的令人捧腹大笑，如《哈啦瑪莉》。

基於如果人的心血管健康狀況良好，血管在收縮後能夠迅速擴張的原理，研究人員在播放電影之前及之後，對每位試驗者的

▲ **大笑運動目前在台灣已有很多的醫師參與及推廣。**
左起：林頌凱醫師（堰新醫院復健科）、洪友崙（台灣愛笑瑜伽協會秘書長）、黃貴帥醫師（三軍總醫院婦產科）、本書作者張立新老師、王群光醫師、蔡凱宙醫師（宏恩醫院骨科）、與陳達誠（台灣愛笑瑜伽協會理事長）、許明焱（台灣愛笑瑜伽協會創會副會長）。

上臂動脈施加壓力，然後觀察動脈擴張到正常形狀的速度。結果發現，觀賞悲劇時，20 名志願者中有 14 人的上臂動脈血流量減少；觀賞喜劇時，20 名試驗者中有 19 人的的上臂動脈血流量增加。總體來說，20 位實驗者在發笑之後，血管擴張的速度比正常狀況快 22％；看過緊張場景之後，血管的擴張速度卻比正常時慢 35％。

由此可見，喜劇電影可以令人發笑，對我們的心血管健康也有好作用。

為何「笑」能夠增強血管功能？我認為可能與腦內啡有關，有研究證明腦內啡可修復血管，也有研究認為笑可以使血液循環的速度加快，而血液循環速度增加會減少血液在血管壁上附著的可能性。

☼ 不是所有的笑都有利心血管健康─狂笑的危害

健康的笑可以加速血液循環、擴張血管，有利於心血管系統的健康。但是，並不是每一種笑都有利於健康，突如其來的狂喜與大笑往往會使神經高度興奮，從而引發血管收縮、血壓升高、心跳加速，反而容易引發腦溢血與心肌梗塞。

常聽說某人因為中了大樂透，興奮過度而突然倒地不起，可見過度強烈的喜悅之情其實對健康是大大有害的。

中醫認為喜悅這種感覺與「心臟」是相聯繫的。瞬間產生、強烈的狂喜，會影響心臟的氣血運行，從而損傷心臟。中醫認為，狂喜會導致心氣渙散、血氣運行不暢，會導致心悸、心痛、失眠與健忘等症，有損健康。

對中老年人與慢性病患者來說，樂觀開朗的情緒固然有助於身心健康、延年益壽，但也要注意培養豁達、寬容的心態，勿為雞毛蒜皮的小事斤斤計較，更不要常常欣喜若狂。俗話常說：「勿以物喜，勿以己悲。」即是鼓勵我們保持情緒平穩，不要大喜大悲，要學會超脫、學會用寬容愉悅的心態觀察身旁的人事物。

總而言之，我提倡的笑，並不是狂喜或狂笑，而是一種健康的笑。**健康的笑是發自內心的，是一種由衷的歡喜之情，是一種友善的表現**。如果可以常常保持著這樣健康的笑、堅持良好的生活習慣與方式，就不難做到身心平衡、長命百歲了。

大笑運動助你擁有好血管

1. 每天堅持做大笑運動

　　適當的笑可以讓心臟與血管更加強健，減少罹患高血壓或心臟病的機會。每天做大笑運動，配合大笑功的動作，笑的保健作用會更加明顯。

射雕英雄

動作要領 （見本書第125頁）

功　效

拉弓的動作具有延展腋下淋巴與乳腺、張開肺部，以及打開五臟六腑與心門的作用。身體往前後傾的動作則有助於身體的氣血循環，改善腳部的代謝。而張開並伸展雙臂、活動上肢的同時也可以舒展胸腔、拉開背部的肌肉。這個動作具有加快血液循環、加強心肺功能的作用，此外，還能提高抵抗力，幫助大腦鬆弛、振作精神。

2. 用笑來減輕壓力

　　過度的壓力會導致血壓升高健康的笑是天然的解壓良藥，用笑來緩解壓力，帶來健康的同時，更可以讓生活充滿色彩。

 **笑** 推薦動作

① 一見鍾情

動作要領（見本書第 103 頁）

功　效

把手指伸出去，此時全身肌肉緊繃；把手指收回來，全身肌肉會慢慢放鬆。透過這個運動，可以讓肌肉不斷重複「緊張—放鬆」的過程。因為壓力常常讓人感到緊張，所以讓肌肉放鬆有利於緩解壓力，改善壓力過大及精神緊張的狀況。

② 妙手回春

動作要領（見本書第 155 頁）

功　效

這個動作能夠運動手臂，有助於刺激、震盪手臂上的經脈，使體內氣血暢通，同時也鍛鍊了手臂肌肉，是一種很好的放鬆運動。老年人與需要久坐工作的上班族不妨常做這個動作，以達到鍛鍊和放鬆的目的。

笑與「健康提案」結合，助力加倍

許多心血管疾病都與不良的生活習慣有關，高脂肪、高熱量的飲食、睡眠不足與缺少運動等，都可能增加我們罹患心血管疾病的危險。

如果想擁有健康的心臟、穩定的血壓、通暢的血管，就從現在開始改頭換面，革除生活中不健康的部分。如果你已經是心血管疾病的患者，那麼就做好長期抗戰的準備吧，馬上改善生活習慣、調養身體，以有效控制病情。

充足的休息

休息不僅是體力上的，還有精神上的。體力上的休息可以幫助我們迅速恢復體力，讓身體有足夠的力量應付每天繁重的工作，晚上 10 ～ 11 點是睡眠的最佳時間，千萬不要錯過這個最佳睡眠時間。

精神上的休息可以幫助我們免除壓力或其他原因導致的惡劣情緒，讓心情得以放鬆、心神得以調養。

建議方案

心血管患者應注意讓自己有足夠的休息，患有急性心肌梗塞的病人應該臥床休養，保持環境安靜、避免不當刺激、減少親友探望，以保持心情平靜。高血壓的患者也應保持心情平和，避免因心情起伏而引起血壓波動，進而危害生命。

老年高血壓患者的飲食宜忌

罹患高血壓的老年患者飲食不應該過飽，因為過飽會使膈肌位置上移，而影響心肺的正常功能。消化道消化食物時，需要大量的血液供給，心腦的供血則相對減少，容易引起中風。同時，老年人應多喝水，但不應過量飲酒或喝濃茶及咖啡等含有咖啡因的飲料，以免加重心血管系統的負擔。

適量的運動

運動有益心臟，這是醫學界所公認的事實。運動為什麼可以增強心臟的功能呢？**第一，運動可以讓心肌纖維變厚，讓心臟的收縮更加有力**；不運動的人，其心肌比較薄，收縮自然比較沒力，當然會影響心臟的功能。

第二，運動可以使人體的血液循環加快。血液循環加快，可以供給更多養分與氧氣給心肌，同時也可以防止膽固醇等油脂物質在血管裡沉積，減少血管堵塞與罹患心臟病的機率。

第三，運動可防治肥胖。運動是改善肥胖最有效的方法之一，而肥胖則是導致高血壓與糖尿病的因素之一。如果可以控制肥胖，就可以有效降低因肥胖而罹患高血壓與糖尿病等的機會。

所謂的運動是指有規律的運動。為了心臟著想，每週數次的簡單運動，如步行、跳繩、太極拳等都很好的體能伸展操。

飲食應注意低脂和低鹽

高血壓病人，飲食方面應注意符合低脂與低鹽的原則。

低脂飲食可防止過多的熱量在體內轉化為脂肪，減輕心血管系統的負擔。低脂飲食指的是烹調時用較少的油脂、少用動物性油脂，改用植物性油，並盡量避免食用油煎、油炸的食物。牛肉、豬肉、燻肉、肉湯等也應該減少食用，魚類及去皮的雞肉都是不錯的選擇。

低鹽飲食是指適當減少每天的用鹽量，醬油的用量也宜控制在二湯匙內，**以防止人體內的鈉滯留，避免血壓升高**。同時，應避免進食鹹菜、鹹肉、鹹蛋等食物。

低脂飲食

選擇

烹調時用較少的油脂，改用植物性油脂，如苦茶油、椰子油、橄欖油等。

魚類及去皮的雞肉是不錯的肉類選擇，但建議宜適量食用。

避免

烹調時用少用動物性油脂，如豬油、雞油、牛油等。

牛肉、豬肉、燻肉、肉湯等，也應該減少食用。

避免食用油煎、油炸的食物。

泡個 40℃ 以下的溫水浴

醫學證明，溫水浴可以使全身放鬆、血壓降低、血液循環通暢，有利於心血管系統的健康，但是心臟病與高血壓患者在浸泡溫水浴時，一定要注意控制水量及溫度，避免心臟受到壓力。通常在浸泡溫水浴時，需注意以下二個要點：

水的溫度

要控制在 40℃ 以下，過高的水溫會使人體的水分蒸發，讓血液變得黏稠，有心肌梗塞的危險。

水位高度

泡澡時，水位高度應維持在胸口以下，如果水位高度超過心臟，水所產生的壓力會對心臟造成負擔，對心臟病與高血壓患者尤其不利。

第8節

笑能促進消化，
有效按摩腸胃

現代人生活繁忙、不規律，經常三餐不定時或肚子餓亂吃東西，所以會出現消化不良、胃痛、腹瀉等消化系統不適的疾病，尤其是上班族精神緊張、工作及生活壓力大，更加重了各種消化道疾病的症狀。如果我們長期對這些問題視而不見，久而久之，小毛病便會變成大毛病，對健康造成嚴重的損害。

有研究指出：大腸癌的發生率目前正呈現出逐步上升的趨勢，提醒了人們要給自己的腸胃更多的關注。其實，想要有一副好腸胃，除了生活飲食習慣要注意外，控制好情緒也是非常重要的。

笑是「理想的胃腸健美操」

專家認為，笑是一種最有效的消化劑，愉快的心情能增加消化液的分泌，歡聲笑語可刺激消化道的活動、改善胃腸道的消化與吸收功能，使人食欲大增。另外，人在笑的時候，橫膈膜產生震動，許多肌肉也積極活動，使人腹腔內的各消化器官也得到活動並按摩，可以使胃腸蠕動加快，讓食物的營養更快、更好地被小腸吸收，食物的殘渣也更快地被排泄出來，可有效防治胃炎、

便秘等多種消化道的疾病，維護消化系統的健康。

▲ 張立新老師每天用大笑運動，提升身體的自癒力，他認為笑是最理想的「腸胃健美操」。

此外，由於壓力也有可能傷害胃腸道，所以笑在消除壓力方面，對於消化道也有相當積極的作用。根據研究，壓力及緊張的情緒，對於胃腸道的健康有很大的影響：

1. 壓力和緊張情緒容易使胃黏膜的保護作用降低，而成為引發胃病主要因素之一。

2. 壓力可能導致暴飲暴食或食而無味，容易引發消化不良、胃痛等問題，還會導致肥胖、高血壓、消瘦、營養不良等症狀，不利於人體健康。

3. 壓力會讓促進胃腸運動的副交感神經無法發揮正常的作用，減緩胃腸的蠕動，影響人體的消化與營養物質的吸收。

4. 當我們承受過大的壓力時，大腸會出現痙攣，而引發腹痛、腹瀉、便秘等症狀，這就是醫學上所說的「腸躁症」。

笑對緩解因壓力而引發的各種不良症狀有很大的作用。笑可以刺激大腦分泌出讓人快樂的激素——腦內啡，使我們感到輕鬆、愉快，鎮靜因壓力而出現的緊張情緒。笑還可讓我們的情緒放鬆，減少精神緊張及壓力過大帶來的各種負面情緒。當我們感到緊張或壓力過大時，可以說一說笑話、做一做大笑運動，或與

同事朋友們聊聊天，都可以有效減輕壓力，防止壓力對我們的胃腸道造成傷害。因此，我們認為笑有促進消化功能的作用，不愧為「理想的胃腸健美操」。

▲ 2007 年在北京大學與學生們一起進行大笑運動「射雕英雄」的動作練習。

大笑運動助你擁有好腸胃

1. 適當做運動

適當的運動可以強化體質，加速人體的血液循環，讓我們緊張的精神得以放鬆，進而提升腸胃的消化及吸收功能。

2. 每天大笑 15 ～ 20 分鐘

每天大笑 15 ～ 20 分鐘，有助於放鬆精神、減輕壓力。我們說壓力與精神緊張是誘發胃腸病的重要因素之一，所以我們平日應注意培養樂觀積極的態度，緊張時要放鬆心情、釋放壓力，並經常與笑友們一起開懷大笑，還可以促進同儕間的感情，讓你體驗到一種遊戲般的愉悅感受。

① 津津有味

動作要領 （見本書第 106 頁）

功　效

雙手用力搧能帶動腹部震動，可以強化腹肌、按摩經過小腹的經脈與腹腔內的臟器、加速腸道蠕動、增強腸胃的消化功能。

② 喜極而泣

動作要領 （見本書第 133 頁）

功　效

彎腰、下蹲左右搖晃的動作可以運動腿部的肌肉，除了能夠刺激分佈於腿部的經絡和穴道之外，還可以鍛鍊肌肉，並保持關節的靈活度。

③ 沉默是金

動作要領 （見本書第 112 頁）

功　效

不出聲的大笑能帶動臉部肌肉，加速臉部的血液循環，改善臉部的皮膚問題，既可以釋放壓力，尤其適合整天在電腦前的上班族及高消耗腦力的企業人士。

笑與「健康提案」結合，助力加倍

我們之所以會罹患消化系統的各種毛病，主要是因為我們平日養成不健康的飲食習慣。現代人常會聽到一種說法，認為很多疾病都是我們自己吃出來的。」，這句話用在消化道的疾病上恰好非常合適。事實上，如果我們能夠只吃健康而天然的食物，並保證以健康而正確的方式來烹調，那麼，我們的腸胃必然也會保持健康的狀態。

如何加強消化、預防便秘—攝取足夠的食物纖維

有很多的人經常都會有便秘問題，但是卻很少有人會把便秘視作是需要關注的疾病。然而，事實上，便秘會讓人體內的毒素不能隨糞便排出體外，當這些毒素積累在身體裡面，便容易引發肝部病變、高血壓、頭痛等疾病，甚至會誘發大腸癌等。

食物纖維進入人體的過程

膽固醇降低

分泌膽汁

幫助蠕動

潤滑大腸壁

加速排便

隨著大便一同排出

導致便秘的原因很多，其中之一是食物纖維攝取不足。食物纖維可以增加糞便的量並幫助排便順暢，攝取的食物纖維如果不足，食物的殘渣就會滯留在大腸，停留的時間一旦

過長，殘渣中的水分大部分都被大腸吸收後，糞便就會變得過硬，很難排出。因此，只要攝取足夠的食物纖維，便秘的情況便可以獲得改善。

····· 建議方案 ·····

新鮮蔬果、糙米、豆類等都含有較多的食物纖維，而肉類、雞蛋與牛奶的纖維素則較少，因此，如果想要排便順暢，一定要吃足夠的菜果或粗糧，並且不應過食肉類，以免影響腸道功能。

如何維持腸道的健康──優酪乳是好幫手

根據研究人體的大腸裡大約有 100 種、共 100 萬億個細菌，其中，有好的細菌，如能促進腸胃功能的乳酸桿菌，也有壞的細菌，如會製造有害物質的梭狀芽孢桿菌。

優酪乳中的乳酸菌是腸道益菌之一，可以減少大腸菌、梭狀芽孢桿菌等有害菌、維持腸道細菌的平衡、調整腸道環境。常喝優酪乳可增強免疫力、預防大腸癌，對老年人與兒童的等消化系統功能稍弱者，可以說是非常有益的。

····· 建議方案 ·····

購買優酪乳後必須在 30 分鐘內冷藏，否則過高的溫度會殺死優酪乳中的益生菌。另外，因為胃酸可能會殺死優酪乳中的益生菌，所以最好不要在空腹時喝，最好在午餐或晚餐後 2 小時再飲用。

與乳酸菌飲料相比，優酪乳含有更多的益生菌，遠比乳酸菌飲料更益於腸道健康。

如何改善消化不良——吃飯時要像工作一樣專心

在我們生活的週遭經常可以補捉到一些畫面——上班族一邊吃早餐、一邊看電腦；學生吃午餐時，還抓著手機不放；全家人吃飯配電視……很多人口口聲聲說要享受美食，但卻很少人能夠真正坐下來用心享受每一餐飯。

每個人都習慣一邊吃飯一邊做事，其實，這是很糟糕的習慣，久而久之，腸胃一定會提出抗議。不專心吃飯，會讓胃腸的供血量減少，從而減少消化液的分泌，減弱消化能力。

當消化道開始消化食物時，需要大量的血液供應，一邊吃飯一邊做事，將會使本來要供應給消化道的血液流向腦部，這就會使胃腸的供血得不到保障，從而造成消化不良。相反地，如果吃飯時能專心致志，就可以促進消化液的分泌，幫助我們更好地消化所攝入的食物。

建議方案

吃飯時最好為自己營造一個良好的就餐環境，乾淨、舒適、輕鬆的環境都可以讓用餐的心情變得更好，從而促進消化液的分泌，幫助消化。

此外，吃飯時要遠離電視、書籍、手機與電腦，並且盡量不要在工作環境裡用餐，不要帶著緊張的情緒吃飯。

如何遠離慢性胃炎——飯後休息 1 小時

胃藥好像是現代人的必備品，幾乎人人隨身攜帶胃藥，其實，胃藥只能暫緩不適，要徹底改善就要從生活中做起。

現代人工作繁忙，經常匆匆忙忙吃過飯，就馬上投入工作。這樣的生活，短時間內也許對身體沒有什麼重大影響，但時間久了，就會造成慢性胃炎、消化不良、胃下垂等問題，不但有損健康，還可能會影響到我們的工作和生活。

許多專家都建議，飯後休息一下，不要馬上工作。最理想的狀態是，飯後休息 1 個小時，這對消化系統更有利。如果要躺下休息的話，向右側臥可以加速食物的消化，有效避免消化不良的問題。

如何消滯——利用木瓜酵素

你是不是也跟我一樣，只要吃頓豐盛的大餐或吃得太飽、太油時，就會有飽脹及胃口不佳的後遺症。這時只要吃點美味可口的青木瓜就能幫忙消除這些不舒服的症狀。

木瓜中的酵素可以促進腸胃內動物性蛋白質的消化與吸收，減輕腸胃負擔，幫助消滯。木瓜酵素也可以降低罹患胃炎、十二

指腸潰瘍及慢性消化不良的機率，青木瓜實在是一種保護消化系統的良果。

此外，青木瓜中的維生素 C 還可以保護細胞、增強白血球及抗體的活性、強化人體免疫力、對抗病毒。青木瓜可以說是一種老少咸宜的水果，很適合胃腸道功能稍差的老年人與兒童。

⎡ 建議方案 ⎤

未成熟的青木瓜比成熟的紅黃色木瓜含有更多的木瓜酵素。如果要用木瓜做菜，可以採買青木瓜，而豐富的木瓜酵素會軟化肉質，讓煮出來的菜餚更可口美味。

 笑長聊天室

如何選購與保存木瓜？

購買青木瓜時，要選擇果皮完整光滑，沒有壓傷、損傷與腐爛的，顏色以鮮亮色澤為佳，果型要飽滿、無畸形。

一般已熟的木瓜在常溫下可保存 2 ～ 3 天，如果採買的是還沒有熟透的青木瓜，可以埋在白米中，只要 2 ～ 3 天就會熟。木瓜成熟時，顏色會由綠轉變為橘黃色，輕壓即可見凹痕，如此便是表示可以食用了。

笑可增強人體免疫力和抗病能力

　　有些人很少生病、體質非常好；有些人則大毛病沒有，小毛病不斷，動不動就感冒、咳嗽或發燒。這種情況與個人的免疫力有關，免疫力強的人，不容易受到病毒、細菌侵害，也就不容易生病；免疫力差的人，抵抗各種疾病、病菌、病毒的能力較差，自然常常容易生病。

　　有研究認為，免疫系統一旦出現問題，即可能導致類風濕性關節炎、紅斑性狼瘡或癌症等。免疫系統可說是人體的一道天然防線，為了健康，我們應該採取適當的防護措施，保障

▲ 左起：83 歲的林陸阿梅女士、歐巴馬笑長、張立新老師、退休高中主任兩億笑長及趙寶秀笑友一起練習大笑動作。

免疫系統的正常運作，而許多研究都指出，笑可以促進免疫系統的健康，常常笑可以增強身體抵抗力。

讓科學告訴你真相

　　無論在職場上、學校裡或生活中，充滿活力的永遠是樂觀開朗的人，這些人生病的機率總是比悶悶不樂的人少。為什麼有著樂觀情緒的人比較健康呢？科學家研究發現，笑可以增加抗體、強化免疫力，讓身體更有能力抵禦各種病毒或細菌的侵害，生病的機會當然少。

　　笑之所以能增強免疫力與具有抵抗疾病的能力，是因為笑能夠刺激身體內多種腺體的分泌。實驗顯示，當人笑的時候，唾液及鼻咽部位中的免疫球蛋白 A 抗體的濃度會增加，這種血清素能抵禦會引起傷風、咳嗽、咽喉痛、感冒、流行性感冒等的細菌與病毒。此外，有些醫生也認為開懷大笑會刺激腦下垂體釋放一種可阻止疾病惡性循環的物質，使人體免疫力提高，從而增強防病功能，讓身體的第一道防線更穩固。

笑是消滅自由基、保護免疫系統的高手

　　人們常常會有這樣的體驗：心情輕鬆、意氣風發時，體質就會變好，連病都很少生；情緒壓抑、處於壓力之中時，則大小毛病間接不斷，讓人十分苦惱。為什麼會這樣呢？現代醫學認為：

焦慮的情緒會使人體內的自由基數量大增而引起氧化現象，亦是造成衰老與疾病的根源之一。

自由基是氧在人體內新陳代謝之後所產生的物質，是只帶一個電子的原子或分子，因為電子不成對的關係，所以非常不穩定，隨時可能與任何物質產生強烈反應，除非從外部取得一個電子，

▲ 童心未泯的歐巴馬（左）資深笑長、透過大笑運動建立正面思想行為，成功改造心境，同時也經常將學習心得散播到各個角落，讓更多人得到健康的力量。

才可能轉為穩定。然而，在自由基搶奪電子的過程中，會沒有選擇性地攻擊，難免會對正常細胞造成傷害，甚至製造更多自由基出來，進而引發連鎖的氧化反應，就對身體造成更多的傷害。

科學家研究發現，自由基會使細胞受損、變異，增加癌症的發生率；自由基也會使皮膚加速老化，出現雀斑、皺紋、乾燥等問題；自由基還會導致多種心血管問題與白內障，可說是加速衰老，導致各種疾病的元凶之一。當我們承受巨大壓力時，身體內的自由基會大增，削弱免疫力並降低內臟器官的功能，使人體更容易生病。

眾所周知，笑可以放鬆身心、宣洩不好的情緒、緩解壓力帶來的種種不適。心情鬱悶時，哈哈大笑幾聲，一定程度上能幫助我們排解憂患，重新建立面對困境、戰勝困難的信心。此外，笑可以減少腎上腺素與皮質醇等激素，從而抑制自由基產生，達到增強免疫力、延緩老化的目的。

☺ 大笑運動助你增強免疫力

1. 每天開懷大笑，讓你的免疫系統活躍起來

笑可以增進免疫力。如果工作或學習太繁忙，每天只要大笑 15 ～ 30 分鐘，就可以免除壓力困擾，輕輕鬆鬆提高免疫力。

2. 培養樂觀積極的生活態度

一個積極開朗的「樂天派」，會比總是不快樂的人更有活力，也比較少生病。根據統計，80 歲以上的老人有 90％ 都是精神健康、性格樂觀的人。由此可見，樂觀而穩定的情緒可以讓你活得更健康，也可以讓生活變得更美滿。

☺ 笑與「健康提案」結合，助力加倍

如今，有關健康的各種問題正受到越多越多的關注，甚至花很多的金錢，買很多的保健品，想為自己的健康帶來更多的保障。的確，對於我們來說，沒有什麼比健康更重要，只要擁有健康的身體，才能無後顧之憂地投入工作裡，盡情享受生活。然而，抵禦疾病侵害最有效的方法並不是保健品，而是免疫系統。如果人體是一架精密的機器，那麼人體的免疫系統便是這架機器最堅固的防線。要想擁有好身體，增強免疫系統是必不可少的一個措施。

① 財神降臨

動作要領 （見本書第 116 頁）

功　效

這個半蹲彈跳的動作可以活動腿部的經脈和穴道，為全身氣血運行，有利於人體臟器的健康，也可以促進血液循環；運動胸、背、腰等部位，能讓肌肉和骨骼更加健康、體態更加健美。

② 眼觀四周

動作要領 （見本書第 146 頁）

功　效

經常轉動眼球可以消除眼睛疲勞、保護視力。這個方法簡單易行，需要長時間用眼的學生和上班族不妨每隔一、兩個小時做一次這個運動，讓眼睛休息一下。

③ 射雕英雄

動作要領 （見本書第 125 頁）

功　效

拉弓的動作具有延展腋下淋巴與乳腺、張開肺部，以及打開五臟六腑與心門的作用。這個動作具有加快血液循環、加強心肺功能的作用。此外，還能提高抵抗力，幫助大腦鬆弛、振作精神。

☺ 讓身體充分休息的最好途徑──睡眠

如前所述,人體像一架精密的機械。無論多精密的機械,如果長期得不到有效的休息保養,總有一天會受到嚴重損害。人人都知道熬夜對皮膚的傷害最大,其實,睡眠品質不好也會讓健康受損,引發肝病、高血壓與癌症等。睡眠可以幫助我們面對壓力,消除壓力對身體造成的損害,讓精力重新充沛起來。

> ··· 建 議 方 案 ···
>
> 對一個成人來說,每天 7 ～ 8 個小時的睡眠就足以讓身體獲得充分的休息,但記得盡量不要過了晚上 11 點才去睡覺。

☺ 讓身體得到鍛鍊──運動

對機器來說,超過負荷的運作會造成破損與傷害,長期不活動,也會造成生鏽遲鈍。身體若長期不動,就得不到適當的鍛鍊,肌肉便會變得鬆弛、各組織器官便會老化,動作便不再靈活敏捷。若堅持運動,人體各系統的功能會提高,血液中的白血球數量會增加,有利於增強免疫力及防治多種疾病。

> ··· 建 議 方 案 ···
>
> 我們並不提倡短時間的劇烈運動,因為劇烈運動會增加自由基的數量,而且容易造成運動傷害。散步、慢跑、游泳、跳繩等有氧運動都有助於提高體能,老少咸宜。每週做 3 次有氧運動,或者只是上下班時間走路、爬爬樓梯,對提高免疫力有很好的效果。

 ## 吸收來自自然的能量——適當曬太陽

　　許多人都盡量避免曬太陽，擔心陽光會對皮膚造成傷害的，或對健康造成影響。陽光中的紫外線雖然對人體有害，但是適當地曬曬太陽是有利健康，因為陽光中的紫外線可以刺激人體皮膚的 T—脫氫膽固醇轉化為維生素 D3，從而增強免疫力。

建議方案

太猛烈的陽光會曬傷皮膚，對健康反而不利，不妨選擇陽光柔和與日照較不強烈時，如早上 10 點前與下午 3 點後讓自己曬曬太陽。其餘時間如要外出，則要做好防曬，例如戴上寬帽沿的帽子、撐有防紫外線效果的雨傘與塗抹防曬霜等。

 ## 讓身體學會放鬆——減壓

　　如前所述，壓力會使人體內的自由基數量大增，導致皮膚問題、心血管問題，並增加癌症的發病機率，加快衰老，是健康的大敵。因此，學習減壓的方法，對於維護免疫系統非常重要。

　　除了笑之外，減壓的方法還有很多，掌握一種或多種減壓方法對於現代人來說已經成為一種必不可少的生存技巧。

建議方案

短暫的休息、聽音樂、做運動、參加團體活動、開懷大笑等都是減輕壓力的方法。當你明顯感覺到壓力時，不妨制定一套減壓計劃，有助於減少壓力為免疫系統帶來傷害。

第 10 節

笑出年輕好狀態

　　每個人都希望自己能永保年輕、青春不老，有些人也確實看起來比實際年齡年輕。雖然衰老是不可逆的自然定律，但無論是西醫或中醫，都認為只要調理得當，延緩衰老並不是一件遙不可及的事情。

　　衰老是由很多因素引起，如不良的生活習慣、不健康的飲食、壓力與環境都可能加速衰老。因此，只要平時注意培養健康的生活習慣、補充適當的營養、攝取新鮮的食物，避免受到環境中的污染物，如輻射傷害，要擁有一具青春活力、良好體態的身體並不困難。最重要的是，要保持愉快的心情，**作家高爾基曾說：「只有愛笑的人，生活才能過得更美好。」**

讓笑來消滅自由基

　　眾所周知，老化的主因是自由基。原本自由基會幫助我們攻擊入侵體內的細菌或異物，但是當人體內的自由基大量生成時，反而會對正常細胞造成傷害，讓我們的身體像鐵生鏽一樣，逐漸老化，罹患心臟病、動脈硬化、白內障，甚至癌症等疾病的機會也越來越高。

雖然平時，我們的身體就不停地製造著自由基，但焦慮與壓力等因素會讓自由基的數量失去控制。研究發現，壓力會使血液分泌兒茶酚胺激素，這種激素與自由基結合，會損害血管，可能導致腦內出血等重大疾病。

▲ 大笑運動讓每位笑友們身心靈充滿了陽光，家庭親子關懷更和樂，而且職場生活更順遂，人際關係更加溫。

想要年輕、不要衰老，及時消除壓力與不好的情緒是非常重要的。笑對於消除壓力有很正面的作用，笑會讓大腦分泌腦內啡，傳遞快感和止痛的訊息，具有輕度麻醉及鎮靜的作用，可以讓人感到快樂與愉悅，消除悲傷、苦悶等負面情緒。

許多研究都證明，笑是種健康的宣洩方式。當我們感到煩悶苦惱時，淋漓盡致地開懷大笑一回，會感受到原本沉甸甸壓在心頭上的抑悶瞬間減輕，身心有明顯的放鬆，所有的苦惱煩悶也都隨著笑聲飛走了。壓力及不好的情緒消除了，自由基的數目自然也隨之減少。因為笑可以消除壓力、減少自由基，所以常笑的人往往看起來比較年輕，難怪人們常說：「笑一笑，十年少」。

用年輕的心態來抵抗身體上的衰老

衰老的出現是自然界的客觀規律和人類生命過程的是必然現象的，即使再健康的人，隨著年齡的增長，內臟器官的功能都會

慢慢降低，抵抗力也會慢慢減弱，面容不再光彩照人、體態不再輕盈敏捷。雖然，衰老是無法避免的，但還是可以透過正確的自我調養，達到延緩衰老的目的。訓練有素的身體比任何醫藥都更能推遲衰老的進程。

規律的運動，可以幫助人體維持良好的生理狀況，讓肌肉、關節、骨骼及內臟

▲ 83 歲的林陸阿梅女士，為自己的健康選擇大笑運動養生，她認為年老保養好，病痛自然少，體格強狀跌不倒，身心愉快活到老。

器官隨著年齡的增長仍保持正常運作，預防衰老提前到來。所以，隨著年歲日增，中老年人更應注意勤加運動健身，對中老年人而言，散步、爬山、練太極拳及做伸展運動等都是健康有益的運動方式。有時候，衰老不僅表現在我們的身體上，還表現在心理上。許多剛退休的長輩，生活環境與習慣驟然發生變化，身體狀況又大不如前，不免會有意志消沉、多疑急躁、焦慮不安等情緒。這些不好的情緒不但對這些長輩的健康有不良的影響，還會加速衰老，讓人顯得老態龍鍾。

為避免「未老先衰」的情況發生，你我都應該努力培養樂觀開朗的性格與積極愉快的生活態度，讓自己熱愛生活、心胸開闊。沒事就多笑笑，因為笑是最好的「心靈良藥」，除了自己天天練

習大笑運動之外，最好也經常與笑友們相約一起開懷大笑，趁機多與友伴互動，加強人與人之間的溝通和交流，如此的生活型態會讓人每天充滿年輕的活力，健康快樂又幸福。

☺ 大笑助你保持年輕狀態

1. 做大笑運動，堅持體育鍛鍊

運動是抗衰老最有效的方法之一，可以增強身體機能、增強體質，增進人體各器官及各系統的功能。而笑，則可以舒緩各種不好的情緒，維持身心平衡，有益於呼吸、心血管、免疫等各系統的正常運作。大笑運動，就是將笑與運動結合起來，將優點合而為一的健身運動。

笑的時候做任何動作，主要都是為了要達成兩種效果：一是笑的笑果，要能讓人笑得出來；二是幫助身體健康。

做大笑運動時，肢體動作越大越好、聲音也越大越好，如此身體的能量才能提升。事實上，大笑運動的輔助動作並不是重點，但動作與聲音若能越大，即能收取畫龍點睛之效。

2. 笑口常開，樂觀進取

樂觀的態度有助於消除壓力、排除不好情緒，但是，樂觀的培養也不是一蹴可幾的。首先，要學習用寬容的眼光來看待各種事物，擴展自己的視野與胸襟，自我提升精神層面。只要常做大

笑運動，潛移默化中就可以逐步養成樂天開朗的性格。

☼ 笑與「健康提案」結合，助力加倍

讓身體遠離外在的傷害——避免有害化學物質

生活中，常會接觸到各式各樣的化學物質，有些是對健康有害的，如殺蟲劑、除草劑、染色劑、防腐劑、電磁波等，都會讓我們體內的自由基大量增加。然而，這些有害物質廣泛存在於我們的周圍，實在很難完全避免接觸。因此，了解如何遠離它們是非常重要的。

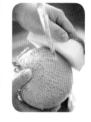

 建議方案

1 蔬菜、水果在吃之前要充分浸泡與洗淨，可削皮的水果盡量削皮，防止農藥及殺蟲劑的殘留。

2 盡量減少使用電腦、手機、微波爐等，使用微波爐時要遠離，睡覺時手機不要放在床頭，以免受到電磁波的傷害。

3 用陶瓷等容器代替塑膠容器裝熱騰騰的食物，以減少塑料容器遇熱溶出有害物質。

4 房屋建材、家具、壁紙等盡量使用天然材料，居家要注意通風，以止有害物質的污染。

5 自來水中可能含有三氯甲烷，家庭飲水最好經過淨水器或者等水煮沸 5 分鐘後再飲用。

如何減輕手機帶來的輻射危害？

1. 手機剛接通時的幾秒鐘，電磁波輻射最大，因此電話接通後，不要馬上貼耳接聽。

2. 盡量縮短通話時間，每天使用手機通話的時間不要超過20分鐘。

3. 最好不要讓手機接觸身體，應把手機放在皮包裡或放在桌面上，而不是掛在腰間或胸前口袋。

避免紫外線的傷害——注意防曬

　　紫外線是造成皮膚衰老的元凶之一，因為陽光中的紫外線可以透過皮膚的角質層，增加自由基的數量。此外，紫外線還會引發白內障與皮膚癌等病，也是我們容易忽略的外在傷害之一。

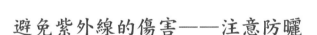

1 日照強烈時，盡量減少外出次數，夏日期間，宜早上9點前與下午4點後再出門。

2 外出時，宜戴上遮陽帽或者撐傘遮陽。

3 即使陰天、下雨，也要塗抹防曬霜，且每2小時塗抹一次。

4 陽光強烈時，宜戴上太陽眼鏡來保護眼睛，預防白內障發生。

不要讓自己和別人受到傷害——戒菸酒

抽菸及酗酒都會大量增加人體內的自由基數量。根據統計，只要抽一根菸，人體內就會產生 100 億個自由基分子。酗酒則會加重肝臟負擔，也會大量生成自由基，加速老化並傷害內臟器官。

建議方案

1 抽菸不僅對抽菸的人造成傷害，還會傷害到周圍的人，所以戒菸是保護健康的不二選擇。

2 適量飲酒並不會對健康造成嚴重影響，但酗酒的話就會導致消化道、心血管等的問題。

吃最天然的食品——拒絕食品添加物

近來，食品問題連環爆，我們吃的食物裡添加了太多不應該加入的物質，雖然這些食品添加物增加了食品的色香味，但其中的人工色素、防腐劑等化學物質確實會增加人體內自由基的數量，加速衰老的速度。

建議方案

1 指攝取新鮮天然的食物。未經過精製的天然食物含有豐富的營養成分，也沒有食物添加物的問題。所以在選購食品時，最好購買新鮮的蔬果，及未經污染的肉類、蛋奶、海鮮等。

2 食品的外包裝上都有標示內容物成分，只要仔細留意，就可以了解手上這袋食品含有多少食品添加物。

教你認識常見的食品添加物

1. 化學調味料： 氨基酸（Amino acid）、谷氨酸鈉（Sodium Ghutamate，即味精）、甘氨酸、丙氨酸（alanine，常簡寫為 ala）等。

2. 酸味劑： 檸檬酸（Citric Acid，又稱枸櫞酸）、乳酸（IUPAC）、維生素 C、琥珀酸（IUPAC）。

3. 增稠劑： 增稠劑（Thickner）、瓜爾膠（Guaran）、羧甲基纖維素（Carboxymethyl Cellulose Sodium，CMC）等。

4. 著色劑： 梔子色素（Gardenia）、胭脂紅（Carmine）、焦糖色素（Caramel）、紅麴色素（Monascus anka）等。

5. 甜味劑： 山梨糖醇（Sorbitol）、甜菊糖（Stevia Sugar）、糖精鈉（Saccharin Sodium，又稱糖精）、安賽蜜（Acesulfame potassium）、阿斯巴甜（Aspartame）等。

6. 天然系列調味料： 蛋白水解物（將肉類、黃豆等食物中的蛋白質分解出來製成胺基酸，即是市面上號稱「天然的」調味料）、萃取物。

7. 品質改良劑： 丙二醇（Propylene glycol，常作為乳化劑之用）、磷酸鹽（為麵粉類常用的品質改良劑）、明礬（Potassium alum，常作為膨鬆劑之用）等。

後記

張立新
（中國笑療創始人）

讓更多人笑出健康與快樂

生命在一呼一吸之間，健康的生命在深呼深吸之間，一呼則百脈皆開，一吸則百脈皆合，開合之間首善為笑。笑就是深呼深吸，大笑是身心吐納功法，達到天人合一的境界。

大笑是運用周身肌肉幫助橫膈肌完成的深腹呼吸，以提高丹田（能量中心）功能，促進小周天迴圈，運用大笑產生的 1200 ～ 2000HZ 的高頻波，打通人體經絡，氣血循環，陰陽平衡，為大腦及全身細胞輸送充足血氧；大笑使下頜骨下移，放鬆中樞神經，松果體分泌腦內啡，從而使人體釋放不良情緒。健康是身體的、精神的健康和社會幸福的完整狀態。笑是唯一能夠覆蓋身體、精神、社會這三個方面的「全能高手」，讓全世界一起加入大笑的行列！

十幾年來，我一直關注情緒對人的影響和作用。2005 年，我開始研究笑。2006 年 3 月，我在深圳、廣州、北京、上海、東莞、香港等二十多個城市舉行大笑運動，也曾多次受邀到大企業和高校舉行講座，和不同的人群開展笑的體驗，感受大笑帶給人的快樂和美妙。同時，我也有幸得到各大媒體的關注，如中央電視

臺十三個頻道、鳳凰衛視《魯豫有約》、湖南衛視、深圳衛視等 100 多家中外媒體都曾大量報導大笑運動，令「大笑可以促進健康」這個觀念深入人心。

我推廣大笑運動的初衷，是為了讓人們從精神壓力中解脫出來，重新獲得快樂健康的生活，逐漸養成積極快樂的心態。在研究大笑之前，我在深圳生活了多年。隨著生活節奏日益緊張，我發現自己的精神壓力越來越大，健康狀況也每況愈下。同時，也看到身邊有太多的人生活不開心，甚至有不同程度的憂鬱症狀。都市人生活壓力大容易引起各種現代的文明疾病，這個問題已經得到了大家的關注。

事實上，我們每天忙於為生活和工作而奔波，許多人早已忘記開懷大笑是什麼感覺了。一次偶然的機會，我接觸到大笑運動，意識到笑是一種可以調節情緒、減輕壓力、改善健康的運動。在進一步的資料收集、文獻研究過程中，以及通過笑友的分享，我發現笑不但可以放鬆緊張的神經，減緩壓力，釋放負面情緒，而且還具有改善睡眠、減肥、止痛、護肝、美容、提高心腦血管功能等多種作用。

推行大笑運動，由不被人理解到被傳媒廣泛報導，從遭人質疑到受邀到各大企業高校授課，我經歷了很多，令我感到欣慰的是，很多笑友的健康狀況都因為參加大笑運動而得到不同程度的

改善。在這些學員之中，有年屆花甲的退休老人，有進入不惑之年的中年人，有風華正茂的青年白領，甚至還有患高血壓、癌症、憂鬱症等病症的人。看著笑友們在笑聲中將心中的包袱完全拋開，在笑聲中改善體質，我的心中有一種成就感，希望可以藉由大笑運動的推廣讓更多的人們享有生活的健康快樂！

為了推廣大笑療法，讓更多的人盡快瞭解、學習大笑運動，我決定撰寫本書，介紹大笑運動，笑的各種作用和大笑的各種分解動作及分享學習心得。本書內容力求科學和客觀，大笑方法也簡單易行，希望能對改善大家的身體健康有一定的幫助。

本書得以順利完成，要感謝的人實在太多了，特藉此機會表示誠摯的謝意，沒有他們支持鼓勵和幫助，就沒有今天的中國愛笑俱樂部。

我最敬愛的兩位老人——外祖父母，他們熱愛生活，從小培養我自信，永不言敗，面對生活的艱辛，總是樂觀，豁達，任勞任怨。他們的一生行善事積大德，是我人生路程上的引路人。對我的愛與鼓勵，將影響我的一生。我的母親是一個非常會笑的人，每每和熟人碰面時就會先開懷大笑，每當我大笑的時候就會想起我母親大笑的模樣，從小為我埋下了笑的種子。我的父親一直跟隨著愛笑俱樂部笑了八年，如今已成為笑的傳播者，笑的受益者，更是愛笑俱樂部所有笑友的開心果。我的弟弟張立群，當我需要他的時候，他毅然決然的放棄了自己原來的事業，從 2008 年起開始協助我做大笑事業。在愛笑俱樂部的前進路上，我的家人們，

給了我最大的信心與鼓勵。

我的精神導師，愛笑俱樂部的創始人—卡塔利亞 · 麻丹醫師，18 年以來在世界範圍內宣導愛笑運動，推動人類和諧快樂和健康事業，他的崇高品質和奉獻精神給予我極大的行動力量。特別要感謝陳達誠總笑長，陳達誠總笑長是愛笑俱樂部的先行者，是我的啟蒙老師，一直關心支持鼓勵我推廣大笑運動。

本書在台灣出版要特別感謝我的好朋友吳永志教授和太太吳馮潤鈺推薦，同時特別感謝林妙禎女士親臨台灣推薦出版本書；感謝原水文化陳玉春女士辛勤編輯組織拍攝，感謝從大笑運動開始一直與我堅持到今天的夥伴楊啟新；感謝中國著名的喜劇表演藝術大師晴天老師，從他那裡學會了怎樣在舞臺上做出更好的表演；感謝郭妙禺女士以八十歲笑齡帶領廣州華景新城 200 笑友練笑，感謝北師大聶振偉老師，宋振韶老師他們把大笑療法推薦給首都高校，感謝國際自然療法學院吳振明院長的大力推薦，感謝我香港的同學王彥建立了香港愛笑工作坊；感謝香港的黃興軒先生帶領著香港愛笑俱樂部走過了 4 年的時間；感謝劉沛靈先生與我一起目標實現中國夢中國笑—讓中國 13 億人笑起來；感謝陳藝丹、黃達明教授、郭明博士、劉震、林作河、林作溪、邱金平、安子、綺梅、王越、香草、吳岑、楊世浩、胡水涓、李炳春、蘇嫣儀、李志鋒、鄺流昌、龍相成、金餘生、傅寶祥、胡亮、袁桂英、郭瑛、莊淑芳、林春華、鐘運湘、程俊昌、等多位老師。感謝鄭韜父親鄭維畛先生，大力支持出版了這本書。

附錄 兩岸三地愛笑俱樂部資訊

歡迎各界人士，絕大部分都不需報名，免費參加，少數特殊可能需報名，繳場地費，特地參加者應先電話聯絡，以免撲空，因時間地點可能有變動。

	台灣地區愛笑俱樂部	上課時間	上課地點	笑長及連絡資料
1	基隆 **中正公園**愛笑俱樂部	每星期日 上午 8:00 ～ 9:00	中正公園的溜冰場 在壽山路 5 號之基隆市議會旁 ※ 風雨無阻	陳玉珠笑長 0910-622-678 賴來富副笑長 0952-515-919
2	台北 **國父紀念館**愛笑俱樂部	週六、週日 上午 8:00 ～ 9:00	國父紀念館 晴天：光復南路旁停車場 與翠湖之間樹林下 雨天：在國父館的屋簷下 面對噴水池的門	莎拉笑長 0915-068-556
3	永和 **四號公園**愛笑俱樂部	A 隊早上 5:40 ～ 6:40 B 隊早上 7:00 ～ 8:00	A 隊：四號公園近得和路口 B 隊：四號公園 823 砲戰紀念碑，涼亭附近	A 隊：賴阿燕笑長 0912-375-673 B 隊：陳明詮笑長 0910-356-640
4	內湖 **碧湖公園**愛笑俱樂部	每天 上午 7:00 ～ 8:00	內湖碧湖公園 環湖步道中間涼亭旁	甘蔗林笑長 0961-005-947 蘿蔔笑長 0920-940-271
5	台北 **汀洲**愛笑俱樂部	每週一 11:30 ～ 13:00	台北三軍總醫院汀洲分區 二樓會議室	黃貴帥醫師 02-87923311 轉 12882 洪友崙笑長 0931-133-430 02-2368-6626
6	台北市 **青年公園**愛笑俱樂部	每週六、日： 早上 8:00 ～ 9:00	盆栽館前方 從青年路太陽圖書館旁進入	彭寶繡笑長 0931-041-939
7	台北市 **天母芝山生活家**愛笑俱樂部	每週二下午 14:00 ～ 15:00	台北市德行東路 203 巷 2 號 1 樓 採會員制，需繳費，首次體驗免費	許長青笑長 02-2836-9493
8	台北市 **北投**愛笑俱樂部	每週一上午 09:30 ～ 11:00 室內場地有租金 費用：一期三個月酌收 場地費新台幣 300 元	捷運北投旅客服務中心 北投區中央北路三段 185 號 交通：捷運「復興崗」站下車步行 約 7 分鐘可達 公車 223、302、路至「中央北路 三段」站下車即達	陳照子準笑長 0925-104-838 鄭素琴準笑長 0926-617-820
9	三峽 **龍埔國小養生歡笑俱樂部**	每週二晚上 7:30 ～ 8:30	新北市三峽區龍埔國小 2F	讀書會會長林姿佑 0931-148-739 申華明笑長 0939-437-987
10	林口 **婦幼公園**愛笑俱樂部	每週六、日 7:00 ～ 8:00	新北市林口區文化一路 運動公園對面巷內的婦幼公園	周秀麗笑長 0928-840-027
11	宜蘭 **羅東**愛笑俱樂部	每週三、每週五 上午 09:30 ～ 10:30 每週六 上午 8:00 ～ 09:00	羅東文化工場 羅東鎮純精路一段 96 號 電話：03-957-7440	孫維達笑長 0952–598–805 & 0937–795–045 林素秋笑長 0939–600–946 黃卓弘笑長 0912–094–722

	台灣地區愛笑俱樂部	上課時間	上課地點	笑長及連絡資料
12	桃園市 **虎頭山**週日愛笑俱樂部	每月第一第三個週日 週日 8:30 ～ 9:30 ※ 雨天暫停	虎頭山公園之兒童遊樂區 袋鼠雕像區 近停車場旁梅園對面跨越 公園路向下走	捲毛笑長 03-369-6261 或 Lucky 0952-810-522
13	桃園市 **愛噴**愛笑俱樂部	每週一到週五 夏天：上午 7:00 ～ 7:30 冬天：上午 7:30 ～ 8:00 ※ 雨天暫停	桃園市（武陵中旁） 愛買量販店入口咖啡座旁	OK 棒笑長 0987-880-522
14	桃園縣桃園市 **文化中心**愛笑俱樂部	每週三 早上 8:20 ～ 9:00 ※ 雨天暫停	桃園縣文化中心 前方草坪大樹下	香花笑長 0937-458-907
15	桃園縣**蘆竹鄉南崁** **南美**愛笑俱樂部	週六、日 上午 8:00 ～ 9:00	地點可能變更，新笑友請 來電確認	李素真（粉圓）笑長 0929-963636
16	桃園縣八德市 **高城公園**愛笑俱樂部	每週一至週五 7:00 ～ 7:30 ※ 雨天暫停	八德市高城六街 48 巷 八德市中華路（縱貫路） 聯邦銀行對面涵洞進入後 之公園	資深笑長輪流帶領
17	桃園縣平鎮市 **義民公園**愛笑俱樂部	每天早上 6:00 ～ 7:00	義民公園 壢新醫院附近，廣泰路與 復旦路交叉口	緣投笑長 0972-987-952 美女笑長 0939-002-666
18	中壢 **光明公園**愛笑俱樂部	每天早上 6:30 ～ 7:00	中壢市民權路與三光路口 公園內的涼亭	嫩薑笑長 0937-171-567
19	中壢 **聯新診所**愛笑俱樂部	每週三上午 7:50 ～ 8:20	中壢市福州街 21 號	林頌凱醫師 （03）4379595
20	平鎮 **壢新醫院**愛笑俱樂部	每週五上午 8:00 ～ 8:30	平鎮市廣泰路 77 號	林頌凱醫師 （03）4379595
21	新竹 **工研院**愛笑俱樂部	每個月的第一、三個 星期二及三晚上 5:30 ～ 6:20	310 新竹縣竹東鎮中興路 四段 195 號 51 館（2 樓）	又又笑長 活動對象： 院內外同仁及好鄉親 注意事項： 1. 院外好鄉親請事先報名， 請攜帶雙證件刷卡進入。 2 活動費用：免費（午餐請 自理） 愛笑瑜伽活動前後 15 分鐘 內請勿進餐，請自備毛巾及 開水。 3 報名方式： iYoYoHa@gmail.com

附錄 兩岸三地愛笑俱樂部資訊

歡迎各界人士，絕大部分都不需報名，免費參加，少數特殊可能需報名，繳場地費，特地參加者應先電話聯絡，以免撲空，因時間地點可能有變動。

	台灣地區愛笑俱樂部	上課時間	上課地點	笑長及連絡資料
22	台中市 **興大**愛笑俱樂部	每週六 上午 8:30～9:30	中興大學正門右側的樹林下	賴晴如笑長 e-mail： grass99.lai@gmail.com 0917-689-153
23	台南新營區 **南瀛綠都心**愛笑俱樂部	A: 每週六 PM8:00～9:00 B: 每週一至週五 上午 8:30～9:00	新營市縣立文化中心音樂廳正門左側（公園湖邊）	A: 素還真笑長 0912-570-888 B: 山豬王 0937-300959 小葉 0988-312678
24	台南永康區 **永康**愛笑俱樂部	每星期日早上 8:00～9:00 ※ 雨天暫停	永康探索教育公園跑道 永康社教中心附近 永康探索教育公園跑道，靠近「南農實習牧場忘幽林」的對面	陳美麗笑長 （06）202-6083 家 0953-565-623
25	高雄市 **中央公園**愛笑俱樂部	每週六早上 7:00～8:00 ※ 雨天暫停	捷運中央公園站「一號出口」，會看到「水廣場」請向左邊第二條小徑走，會看到「綠籬迷宮」的告示牌，再往前走幾步就會看見「愛笑瑜伽橘色布條」	阿毛笑長 0931-715-013
26	屏東市 **萬年公園**愛笑俱樂部	每天 6:30～7:20 ※ 雨天暫停	屏東萬年公園噴水池旁	劉玉葉笑長 0933-381-217 新笑友請先來電連絡 潘上田笑長
27	花蓮市 **明禮國小**愛笑俱樂部	每週 二、四、六、日 早上 7:00～7:50	明禮國小排球場	蘋果+石頭笑長 0932-651-573

本書特別感謝

★ 愛笑瑜伽創始人－卡塔利亞・麻丹醫師提供《無聲的笑》影片分享。

★ 「臺灣愛笑瑜伽協會」陳達誠理事長及全體會員笑友們協助拍攝。

★ 三軍總醫院婦產科黃貴帥醫師全力支持，為本書提供專業審訂。

★ 「臺灣愛笑瑜伽協會」陳達誠理事長、許明焱（綽號：歐巴馬）創會副會長，協助本書製作及提供笑友照片做分享。

★ 「國父紀念館愛笑俱樂部」莎拉笑長、歐巴馬笑長、趙寶秀笑長、劉曉明笑友、林陸阿梅笑友、洪鑫英笑友、林張華珠笑友等協助示範「大笑運動」攝影。

	香港地區愛笑俱樂部	上課時間	上課地點	笑長及連絡資料
1	香港 **維多利亞公園**愛笑俱樂部	星期日 早上 9:00 ～ 9:45	維多利亞公園兒童遊樂場附近 天后地鐵站 A2 出口，維多利亞公園泳池入口，兒童遊樂場附近	阿 Dick 6979-3829
2	**黃竹坑**愛笑俱樂部	星期二、四 早上 8:30 ～ 9:30	黃竹坑深灣道休憩公園 百佳對面	瓊姐 9188-2385
3	**美孚**愛笑俱樂部	星期一、三、五 早上 8:00 ～ 8:45	美孚荔枝角公園足球場附近 美孚地鐵站 C1 出口，過馬路進入公園，涼亭轉左	阿 Dick 6979-3829
4	**安泰軒（油尖旺）** 愛笑俱樂部	星期五（隔週舉辦） 11:00 ～ 12:00	大角嘴大角咀福全街 45 號 旺角街坊會陳慶社會服務中心	馬姑娘 3552-5440
5	**黃大仙東頭**愛笑俱樂部	星期二 9:00 ～ 9:50	黃大仙東頭邨樂善道 26 號 東頭社區會堂	阿 Dick 6979-3829
6	**沙田美林**愛笑俱樂部	星期四 10:30 ～ 11:15	沙田美林村 80 號巴士總站對出，河邊的空地	陳先生 2603 0028
7	**沙田火炭**愛笑俱樂部	星期六 8:00 ～ 9:00	沙田火炭駿景路 1 號，駿景園商場超級乾洗會對出兒童遊樂場	阿 Dick 6979 3829
8	**荃灣明愛**愛笑俱樂部	星期三 10:00 ～ 10:45	荃灣城門道 9 號明愛社區中心	蘇姑娘 2493-9156
9	**九龍塘女青年會** 愛笑俱樂部	每月最後一個星期五 7:30 ～ 8:30	九龍又一村海棠路 66 號	雷姑娘 3443-1637
10	**流動**俱樂部	每月活動約二次 在週末下午時段進行		81000670
11	**東湧**愛笑俱樂部	每月活動一次 2:30 ～ 3:45	東湧逸東商場 2 樓圖書館	阿 Nat, Ms Natalie Lui 81000670

※ 香港地區仍有醫療機構及各區域成立愛笑俱樂部，針對特定人士報名參加，如限 60 歲以上人士、會員、院友等單位，詳細內容可自行上網查詢：http://healthylaughters-club-96.blogspot.tw/2013/08/blog-post.html（笑出健康協會）

	大陸地區愛笑俱樂部	上課時間	上課地點	笑長及連絡資料
1	**深圳** 深圳蓮花山愛笑俱樂部	每天早上 8:00 ～ 9:00	福田區蓮花山公園	金餘生笑長 0755-88823921
2	**廣州** 廣州白雲山愛笑俱樂部	每週六上午 8:00 ～ 10:00	廣州白雲山公園	李志峰 86-13316192911
3	**廣州** 笑助會	每月一次活動	www.iuhaha.org（因地址會變更，活動都在網站上發佈）	晴天 86-13902406404
4	**廣州** 廣州華景新城愛笑俱樂部	每天早上 8:00 ～ 9:00	廣州華景新城社區	郭妙禹 86-13392690726
5	**重慶** 重慶愛笑俱樂部	每天早上 9:00 ～ 10:00	重慶市渝中區工會大廈如家酒店 6 樓	鐘運湘 86-18908303411
6	**重慶** 麗景江山愛笑俱樂部	每天晚上 19:00~20:00	重慶市南岸區子石麗景江山社區	吳培智 86-13883298407
7	**杭州** 世界歡笑委員會	不定期舉辦活動 可電洽聯絡	杭州市	楊世浩 86-13967187187

舒活家系列HD2034

療癒細胞的大笑運動

作　　　者／張立新
審 訂 者／黃貴帥
選 書 人／林小鈴
主　　　編／陳玉春
編輯協力／張棠紅

行銷主任／高嘉吟
行銷副理／王維君
業務副理／羅越華
總 編 輯／林小鈴
發 行 人／何飛鵬
出　　　版／原水文化
　　　　　台北市民生東路二段141號8樓
　　　　　電話：（02）2500-7008　傳真：（02）2502-7676
　　　　　網址：http://citeh2o.pixnet.net/blog E-mail：H2O@cite.com.tw
發　　　行／英屬蓋曼群島商家庭傳媒股份有限公司城邦分公司
　　　　　台北市中山區民生東路二段141號2樓
　　　　　書虫客服服務專線：02-25007718；25007719
　　　　　24小時傳真專線：02-25001990；25001991
　　　　　服務時間：週一至週五9:30～12:00；13:30～17:00
　　　　　讀者服務信箱E-mail：service@readingclub.com.tw
劃撥帳號／9863813；戶名：書虫股份有限公司
香港發行／香港灣仔駱克道193號東超商業中心1樓
　　　　　電話：852-25086231　傳真：852-25789337
　　　　　電郵：hkcite@biznetvigator.com
馬新發行／城邦（馬新）出版集團
　　　　　41, JalanRadinAnum, Bandar Baru Sri Petaling,
　　　　　57000 Kuala Lumpur, Malaysia.
　　　　　電話：603-905-78822　傳真：603- 905-76622
　　　　　電郵：cite@cite.com.my

城邦讀書花園
www.cite.com.tw

封面設計／陳嘉祥
內頁設計／貓耳朵創意工作室
攝　　　影／子宇影像工作室‧徐榕志
攝影助理／楊志偉
插　　　畫／盧宏烈（老外）
製版印刷／科億資訊科技有限公司
初版一版／2014年1月2日
定　　　價／350元
ISBN：978-986-5853-30-3　（平裝附數位影音光碟）

國家圖書館出版品預行編目資料

療癒細胞的大笑運動 / 張立新著. -- 初版. -- 臺北
市：原水文化出版：家庭傳媒城邦分公司發行,
2013.12　面；　公分. -- (舒活家系列；HD2034)
ISBN 978-986-5853-30-3(平裝附數位影音光碟)
1.笑 2.健康法

176.52　　　　　　　　　　　　　　102025653

讀者回函

親愛的讀者你好：

　　為了讓我們更了解你們對本書的想法，請務必幫忙填寫以下的意見表，好讓我們能針對各位的意見及問題，做出有效的回應。

　　填好意見表之後，你可以剪下或是影印下來，寄到台北市民生東路二段141號8樓，或是傳真到02-2502-7676。若有任何建議，也可上原水部落格 http://citeh2o.pixnet.net留言。

本社對您的基本資料將予以保密，敬請放心填寫。

姓名：＿＿＿＿＿＿＿＿＿＿＿　　性別：　□女　　□男

電話：＿＿＿＿＿＿＿＿＿＿＿　　傳真：＿＿＿＿＿＿＿＿＿＿＿

E-mail：＿＿＿＿＿＿＿＿＿＿＿＿＿＿＿＿＿＿＿＿＿

聯絡地址：＿＿＿＿＿＿＿＿＿＿＿＿＿＿＿＿＿＿＿＿＿

服務單位：

年齡：　□18歲以下　　□18~25歲
　　　　□26~30歲　　□31~35歲
　　　　□36~40歲　　□41~45歲
　　　　□46~50歲　　□51歲以上

學歷：　□國小　　　　□國中
　　　　□高中職　　　□大專/大學
　　　　□碩士　　　　□博士

職業：　□學生　　　　□軍公教
　　　　□製造業　　　□營造業
　　　　□服務業　　　□金融貿易
　　　　□資訊業　　　□自由業
　　　　□其他＿＿＿＿＿＿＿

個人年收入：□24萬以下
　　　　□25~30萬　　□31~36萬
　　　　□37~42萬　　□43~48萬
　　　　□49~54萬　　□55~60萬
　　　　□61~84萬　　□85~100萬
　　　　□100萬以上

購書地點：□便利商店　□書店
　　　　□其他＿＿＿＿＿＿＿

購書資訊來源：□逛書店／便利商店
　　　　□報章雜誌／書籍介紹
　　　　□親友介紹
　　　　□透過網際網路
　　　　□其他＿＿＿＿＿＿＿

其他希望得知的資訊：（可複選）
　　　　□男性健康　　　□女性健康
　　　　□兒童健康　　　□成人慢性病
　　　　□家庭醫藥　　　□傳統醫學
　　　　□有益身心的運動
　　　　□有益身心的食物
　　　　□美體、美髮、美膚
　　　　□情緒壓力紓解
　　　　□其他＿＿＿＿＿＿＿

你對本書的整體意見：

城邦出版集團 **原水文化事業部 收**

104　台北市民生東路二段141號**8樓**